绘者：永井荷风

云 集

止庵 著

华中科技大学出版社
http://www.hustp.com
中国·武汉

新序

《庄子·齐物论》云:"万世之后,而一遇大圣知其解者,是旦暮遇之也。"我的《旦暮帖》的书名即出于此。现在我觉得好像还有些话可讲,权当本书新序。常听人提起"古典范儿",但若只是穿汉服招摇过市之类,则岂止是皮毛,简直有点可笑了。我想假如真有古典范儿这码事,大概也是《庄子》这番话所说的意思。我们尽管生活在当下,吃汉堡包,坐地铁,用 iPhone,发微信,但与遥远的古代还是有千丝万缕的联系,我们的孤独、惆怅、悲痛、快乐,正与古人某一时刻相去不远,彼此自有心灵相通之处。

我在《惜别》中引过《礼记·檀弓》的一节:"孔子蚤作,负手曳杖,消摇于门,歌曰:'泰山其颓乎,梁木其坏乎,哲人其萎乎。'既歌而入,当户而坐。子贡闻之,曰:'泰山其颓,则吾将安仰。梁木其坏,哲人其萎,则吾将安放。夫子殆将病也。'遂趋而入。夫子曰:'赐,尔来何迟也。夏后氏殡于东阶之上,则犹在阼也。殷人殡于两楹之间,则与宾主夹之也。周人殡于西阶之上,则犹宾之也。而丘也,殷人也。予畴昔之夜,梦坐奠于两楹之间。夫明王不兴,而天下其孰能宗予。予殆将死也。'盖寝疾七日而没。"这里特别触动我的是,子贡听到孔子唱歌,觉出"夫子殆将病也","遂趋而入";但孔子仍然不免抱怨"赐,尔来何迟也"。无论预感即将失去老师,急于与之见上一面的子贡,还是知道"予殆将死也",希望与学生一起多待一会儿的孔子,他们的心情我们完全能够理解,因为我们处于同样境况时,与他们的想法并无二致。

《檀弓》的故事与《史记·孔子世家》所载一并来读,或许更有意味:"孔子葬鲁城北泗上,弟子皆服三年。三年心丧毕,相诀而去,则哭,各复尽哀;或复留。唯子赣庐于冢上,凡六年,然后去。"子赣即子贡。想起孔子死前不久他"遂趋而入",可知心里实在放不下对老师的这份深厚情感,比别人需要更长时间才能缓解。打个比方,家里来了客人,告别时主人或送到家门口,或送到电梯口,或送到更远的地方,子贡之于孔子,就是那个送得最远,一直依依不舍的人。

　　孔子师徒活在距今两千多年前的年代，为什么我们回过头去，还能看到这些遥远的人呢，因为他们其实是与我们相同的人，对人生和世界具有类似的感受和认识，所以才能产生共鸣。也许只是相视一笑或一泣，甚至相对无言，然而却惺惺相惜，心心相印。纵观人类文明的进程，技术、物质和生活方式上的变化非常大，也非常快，不过"人心不古"之外，还有"古风犹存"。也就是说，一代又一代人过去了，其间确有一种不朽的东西，它永远存在，只是常常被我们忽略了而已。我所理解的古典范儿，就是承认我们可能重新体验古人的想法、情绪，以至不得不一再复述他们实际上早已讲过的话。

　　我曾以"历久而弥新"和"放之四海而皆准"来描述经典作品，因为它们能够超越时间与空间的限制，如今想想用来形容古今相通以及中外相通的此类情感或精神更为恰当。譬如我们看高更的画，读《安娜·卡列尼娜》，往往也会受到感动。无论如何，大家同属于整个人类，文明是同一个东西。这也是我花费一生的大部分精力用于读书的原因：希望尽量结识古今中外的智者，了解他们感受如何，想法如何。虽然也许藉此发现，在很多方面无法再以所谓"原创者"自居，只是对远方传来的我们的心声有所呼应罢了。

我偶尔写点小文章，也不过是将这种呼应记录一二。张九龄《送韦城李少府》有云，"相知无远近，万里尚为邻"，此之谓也。

二〇一九年五月十九日

原序

我三十岁前用"方晴"的笔名写诗和小说,后来写随笔,这是第八个集子了。此外还写了六七种书。数量不算少,我担心的是如前人所云:"旧稿徒千言,一字不曾说。" 然而怎么算是"说"呢。多年前阅《肖斯塔科维奇回忆录》,其中抄录古代祈祷文:"主啊,请赐给我力量去改变能够改变的事物。主啊,请赐给我力量去忍受不能够改变的事物。主啊,请赐给我智慧去分辨这两者的差别。"肖氏云:"对这段祈祷文,我有时候喜欢,有时候憎恨。虽然我的生活已临近结束,可是我既没有这种力量,又没有这种智慧。"我觉得那祈祷文始终只能心中默诵,及至开口,就是承认自己无法做到。孟德斯鸠临终说"帝力之大,正如吾力之为微"亦系此意,然止是陈述事实而已。——读书得此领悟，胜却自家一向之高谈阔论。

二〇〇七年九月二十四日

目 录

收萤卷

我读《庄子》与《论语》	003
"纵读"鲁迅	010
《小彼得》、许霞与鲁迅	017
鲁迅残简系年	022
《近代欧洲文学史》序	025
《周作人讲解鲁迅》序	032
《周作人文选》序	037
《乙酉文编》考	039
知堂佚著考	047
手札与录文	060
《近代散文抄》之"抄"	064
"京派"的三幅漫画像	069
关于郑振铎	091
又谈张中行	097
张爱玲的《色，戒》	101
李安的《色｜戒》	106
"四大名著"之外	110
俄罗斯式的自杀	114
热爱大自然的人	123
一本书的故事	128

再说《洛丽塔》 136
用脑写作的作家 139
帕慕克与侦探小说 143
《今昔物语》与芥川 150
借用鲁迅的眼光 154
漫画史漫话 158
我看埃舍尔 161
关于翻译的闲话 164
我的好书观 169
我的笔名 172
我的闲章 175
答谢其章君问 179

《传奇》人物图赞

小引 195
《茉莉香片》 199
《心经》 207
《倾城之恋》 214
《琉璃瓦》 222
《金锁记》 225
《年青的时候》 234
《花凋》 239
《红玫瑰与白玫瑰》 244

跋 256
修订版跋 258

收萤卷

我读《庄子》与《论语》

我曾讲过,自己的人生观得之于《庄子》与《论语》。我最早接触《论语》,还是一九七三年"批林批孔"时,报上连载"《论语》批注",每天登段原文,再加一番批判。我对批判不大感兴趣,倒觉得"子曰"的内容挺有意思。以后向朋友借来杨伯峻的《论语译注》,完整读了《论语》的白文。"文革"结束后,报上登出拨乱反正的文章,有一篇题目忘记了,引用很多孔子的话,令我颇有豁然开朗之感。我之懂得孔子,乃自此始。以后将近三十年里,《论语》差不多是我的枕边书了。我读《庄子》则要晚得多,直到一九八六年才以四个月的时间通读一遍,此前只看过《逍遥游》、《齐物论》、《秋水》等少数几篇。尽管当时体会尚肤浅,但对庄子哲学已有大致把握。十年后花了整整一年工夫重读《庄子》，可以说一句句都弄明白了，所写笔记有三十多万字，整理为《樗下读庄》一书出版。关于《论语》一直也想写本书的，只是迄未动笔。

《论语·先进》："季路问事鬼神。子曰：'未能事人，焉能事鬼。'曰：'敢问死。'曰：'未知生，焉知死。'"《庄子·大宗师》："夫大块载我以形，劳我以生，佚我以老，息我以死。故善吾生者，乃所以善吾死也。"意思虽有差别，立场倒是一致，即都着眼于"人生在世"。先秦别家思想也是如此，无一超出现世的界限。虽然我说人生观来自《庄子》与《论语》，两本书里的人生观却是截然相反的。《大宗师》假托孔子之口说："彼，游方之外者也；而丘，游方之内者也。"揭示这点最明白不过。"方"就是包括"礼"在内的一应社会意识，以及在此基础上构筑的社会秩序。简而言之，《论语》是讲入世的，《庄子》是讲出世的。

"彼，游方之外者也"，说的是子桑户、孟子反和子琴张，三人"相与于无相与，相为于无相为"，"登天游雾，挠挑无极，相忘以生，无所终穷"；子桑户死，孟子反、子琴张竟"临尸而歌"。这路人物《庄子》里很多，包括庄子本人，妻子死了，他也"箕踞鼓盆而歌"（《至乐》）。然而对《庄子》来说，更重要的不是行为，而是想法。《庄子》"寓言十九"，子桑户、孟子反、子琴张以及庄子皆为寓言人物，描写他们旨在"藉外论之"(《寓言》)。这与《论语》记述孔子如何说法,如何做法,性质有所不同。《庄子·齐物论》:"南郭子綦隐机而坐,仰天而嘘,荅焉似丧其耦。颜成子游立侍乎前,曰:'何居乎,形固可使如槁木,而心固可使如死灰乎。今之隐机者,非昔之隐机者也。'子綦曰:'偃,不亦善乎,而问之也。今者吾丧我,汝知之乎。……'"南郭子綦什么也没干,但对作者来说,这个人物的重要性决不亚于子桑户等。假如从《庄子》中挑出一句话以概括全书,就应该是"吾丧我"。

"吾丧我"就是"逍遥游",《逍遥游》里形容为"乘天地之正,而御六气之辩,以游无穷";其实也就是"游方之外",所以"吾丧我"即摈弃自己身上的那个"游方之内者"。果能如此,是为"得道"。《庄子》的"道"指事物自然状态,乃是本来如此,有如《知北游》所说:"天不得不高,地不得不广,日月不得不行,万物不得不昌,此其道与。"对人来说,就是拒绝了固有价值体系之后所获得的自由。拒绝固有价值体系,也就不在这一体系之内做判断,无论是"是"还是"非"。"非"的依据还是"是",并没有超越于"是"的价值体系,所以《齐物论》说:"是亦彼也,彼亦是也。""彼是莫得其偶,谓之道枢",才是真的自由。《大宗师》形容为"自适其适"。从根本上讲,《庄子》是心学,"吾丧我"

发生在头脑之中；好比南郭子綦，想法变了，就不再是原来那个人了。

《庄子》讲的是关于一个人的哲学——这世界上只有"我"；《论语》讲的是关于两个人的哲学——除了"我"之外，还有"你"或"他"。从前我写过一篇《关于孔子》，以《论语·微子》里孔子所说"鸟兽不可与同群，吾非斯人之徒与而谁与"，作为其全部思想的出发点。类似意思，也见于《公冶长》："子贡曰：'我不欲人之加诸我也，吾亦欲无加诸人。'子曰：'赐也，非尔所及也。'""非尔所及"，亦非孔子和其他人所及。人只能与人打交道，那么只好勉力为之。孔子所谓"仁"，说的就是这码事儿。借用知堂翁的话来解释，"所谓为仁直捷的说即是做人，仁即是把他人当做人看待。"至于就中道理，则如其所说："饮食以求个体之生存，男女以求种族之生存，这本是一切生物的本能，进化论者所谓求生意志，人也是生物，所以这本能自然也是有的。不过一般生物的求生是单纯的，只要能生存便不问手段，只要自己能生存，便不惜危害别个的生存，人则不然，他与生物同样的要求生存，但最初觉得单独不能达到目的，须与别个联络，互相扶助，才能好好的生存，随后又感到别人也与自己同样的有好恶，设法圆满的相处，前者是生存的方法，动物中也有能够做到的，后者乃是人所独有的生存道德，古人云人之所以异于禽兽者几希,盖即此也。"(《中国的思想问题》)"仁"就是这"人所独有的生存道德"。

《论语》中孔子谈到"仁"有上百次,每次所说均视不同对象和不同语境而不同。《颜渊》有这样两则:"樊迟问仁,子曰:'爱人。'""颜渊问仁,子曰:'克己复礼为仁。一日克己复礼,天下归仁焉。为仁由己,而由人乎哉。'"可谓一切近,一深远,一具体,一宏大,合而观之,就是"仁"所涉及的整个范畴。孔子的"仁"很接近于西方思想里的人道主义,不过在中国,"人道主义"这名目来得甚晚罢了。我想大概"鸟兽不可与同群,吾非斯人之徒与而谁与"的问题,不论哪儿一概存在,所以都需要有这"人所独有的生存道德",正所谓"异地则皆然"。孔子说:"仁远乎哉,我欲仁,斯仁至矣。"(《述而》)"仁"虽然常常未能获得实现,它却是实实在在的道理,实实在在的行为。同样,人道主义也不应该被看作人类的一种思想,或社会的一种理想,人道主义是人类社会赖以存在的基本底线。

《庄子·大宗师》里,孔子讲了"彼,游方之外者也;而丘,游方之内者也",又找补一句"外内不相及";然而具体在我,却一并做成自己的人生观。道理很简单:人不能只有自己,但也不能没有自己,全看是在什么时候。是以既不忘"鸟兽不可与同群,吾非斯人之徒与而谁与",又需要"吾丧我"、"自适其适",——在"吾丧我"的范围内"自适其适","我不欲人之加诸我也,吾亦欲无加诸人。"萧纲所说"立身先须谨重,文章且须放荡"(《诫当阳公大心书》),庶几近之。

《庄子》与《论语》,都有一个读法问题。关于《庄子》多有误解,历时弥久,影响广泛。一是以为这是一本完整的书。其实是拼凑而成,有只言片语也有整节、整篇的羼杂,不仅见于外、杂篇,也见于内篇。二是迷信内、外、杂篇的划分,乃至以内篇为庄子自作,外、杂篇为后学所作。其实内篇个别章节与其他部分颇有抵牾,外、杂篇某些篇章则相当纯粹。三是迷信内篇的篇题与顺序,以为多有意味,自成系统。其实这些多半出自后人之手。四是拘泥于"篇",无视其中互不相干或自相矛盾之处。其实除了那些显系后学或无关之作外,《庄子》并没有完整的文章,所谓"篇"只是若干段落的有意义或无意义的集合。不把这几点弄明白了,就很容易误读。

相比之下,《论语》文本没这么复杂,当然也有人对其中某些章节提出疑问。在我看来,更重要的在于另外一点,即所载孔子的话,原来可能是有具体语境的,这在《论语》中偶尔有所保存,但多半给省略掉了。结果"相对真理"就变成了"绝对真理",因此产生许多误解。举个例子,《阳货》:

"子曰：'唯女子与小人为难养也，近之则不孙，远之则怨。'"就招致大伙儿不满，论家只好曲为弥缝。倒是废名说得好："只有孔夫子算是懂得平等道理的，他虽然说'唯女子与小人为难养也'，话确是嫌老实了一点，然而我想也可以博得现在摩登太太们的同情，她们自己屈尊到媒人店里去找老妈子，也只好默认孔夫子的话有真理。"（《女子故事》）

《庄子》我看得最多的是郭庆藩的《庄子集释》。说来哪一家注释《庄子》都谈不上全对。譬如《齐物论》："以指喻指之非指，不若以非指喻指之非指也；以马喻马之非马，不若以非马喻马之非马也。天地一指也，万物一马也。"一般均释"不若"为"不如"，这怎么能得出"天地一指也，万物一马也"的结论呢。"不若"应该当"不是一样吗"理解才是。崔大华的《庄子歧解》多少可以参考，尽管某些地方稍嫌粗疏一点。关于《论语》，我觉得杨树达的《论语疏证》疏通思想最得要领，程树德的《论语集释》提供材料颇为详尽。通俗读物如杨伯峻《论语译注》、陈鼓应《庄子今译今注》等，对于初学可能有所帮助。此外恕不一一提及。

二〇〇七年二月二十五日

"纵读"鲁迅

我和王世家先生合编了一部书,叫做《鲁迅著译编年全集》,共二十卷。现在还在看校样,面世恐怕要在明年初了。收入书中的作品,均依写作完成先后排列;同一时间项下,以日记、创作、翻译、书信为序。能系日者系日,无法系日者系月,无法系月者系年。——这里不是写广告,所以不必多说;然而我在编辑和校订时,却发现藉此能够提供一种阅读鲁迅的方法,姑且称之为"纵读"罢。要点有二:一是按照时间顺序来读;一是将日记、创作、翻译、书信一并来读。

这种读法,也许更能体会鲁迅的生命历程。他活得并不算长,不过五十五岁。——好几位同辈人也如此:陈师曾死时四十七岁,刘半农四十三岁,马隅卿四十二岁,钱玄同五十三岁。但就是这点年头儿,鲁迅做了许多事情,二十卷著译便是荦荦大端。然而鲁迅又是一个准备期很长的作家。成名作《狂人日记》发表时，已经三十七岁。此前除一九〇七年到一九〇九年热情较高，为《河南》杂志撰文，翻译《域外小说集》外，无所作为的时候很多。最有名的莫过于在北京抄古碑了，他自己也说"没有什么用"、"没有什么意思"（《〈呐喊〉自序》）。一个活得不很长的人，居然大段虚度光阴。后来的十八年，尤其是一九二五年以后，却又如此高产，大概真的"把别人喝咖啡的时间都用到工作上了"。可以说他活的是"加速度"的一生。另一方面，鲁迅又有许多计划因其早逝而落空，无论研究还是写作；他所做的不少准备，某些方面的才华，未能实现。不能不承认，他毕竟是"未完成的"。

  以上都是我编这部书时的感受，尽管"卑之无甚高论"，自忖还算切实。此外有些零碎想法，不妨略述一二。却说前几天参加一个座谈会，有翻译家质疑鲁迅的翻译，认为选目与译文都不怎么样。这自有道理，但是其间可能存在着立场与价值观的某种差异。如今的翻译家旨在推出好的译作，假使选目不当，译文不行，则什么都不是了；然而其意义也仅限于这两方面。鲁迅当然也曾斟酌选目，推敲译文，就算均不合乎通常要求，他的译作还有另外一重意义：它们也是鲁迅表现自己的方式，就像他的创作一样。此外要指出一点：

鲁迅虽然得益于西方最先进的思想，真正对他的思想产生深刻影响的，却未必都是顶尖人物。思想上如此，文学上也如此。非但鲁迅如此，他的许多同时代人也如此。外国的小作家，很可能影响了中国的大作家。

讲到选目，翻译家举出两个例子，一是阿尔志跋绥夫，一是爱罗先珂。阿尔志跋绥夫在文学史上自有地位，但是此处无须分辩；鲁迅翻译他的《工人绥惠略夫》，的确至关重要。我曾说，鲁迅创造了阿Q，如果说在他笔下有个与阿Q形成对比的形象，那就是绥惠略夫了，他们构成了鲁迅心目中"人"的两极。取其所作《译了〈工人绥惠略夫〉之后》、《记谈话》、《〈阿Q正传〉的成因》、《俄文译本〈阿Q正传〉序及著者自叙传略》等对照读之，当知绥惠略夫与阿Q之间，不仅是两种"人生"的对比，也是两种"革命党"的对比。而当鲁迅说："其实这也不算辱没了革命党，阿Q究竟已经用竹筷盘上他的辫子了；此后十五年，长虹'走到出版界'，不也就成为一个中国的'绥惠略夫'了么？"更道出一个"橘逾淮而北为枳"的事实。

至于爱罗先珂，的确说得上"名不见经传"，假若不是因为鲁迅，只怕没人再提他了。爱罗先珂两次来华，都住在八道湾周家；所著《爱罗先珂童话集》和《桃色的云》，也由鲁迅译为中文出版。鲁迅最初读他的作品，印象是"虽略露骨,但似尚佳"(一九二一年八月三十日致周作人)、"陈义较浅"(一九二一年九月三日致周作人);晚年评价《爱罗先珂童话集》曰"浅",《桃色的云》曰"尚可"(一九三六年二月十九日致夏传经)。可是鲁迅未必没有受到他的影响。

一九二三年一月发生"剧评事件",这导致几个月后爱罗先珂永远离开中国。先是他对北京大学学生的演剧有所批评,由鲁迅译出发表;魏建功出面反驳,颇有侮辱之意。鲁迅遂作《看了魏建功君的〈不敢盲从〉以后的几句声明》,所说"我敢将唾沫吐在生长在旧的道德和新的不道德里,借了新艺术的名而发挥其本来的旧的不道德的少年的脸上",是对爱罗先珂《观北京大学学生演剧和燕京女校学生演剧的记》里"中国的年青的男女学生们,难道并没有这力量,敢将唾沫吐在那生长在旧的道德和新的不道德里,弄脏了戏剧的真艺术的老年和少年们的脸上,而自走正当的道路么"的引申发挥。不久,《晨报副刊》又因张竞生《爱情的定则与陈淑君女士事的研究》一文而引起"爱情定则讨论"。参与者中,"大多数的道学派之根本思想是以女子为物,不是玩具便是偶像,决不当她是一个有个性的人。"当有人主张截止时,鲁迅却建议继续,理由是:"这不但可以给改革家看看,略为惊醒他们黄金色的好梦,而'足为中国人没有讨论的资格的左证',也就是这些文章的价值之所在了。"(一九二三年六月十二日致孙伏园）这里所表现的思想，与《观北京大学学生演剧和燕京女校学生演剧的记》《看了魏建功君的〈不敢盲从〉以后的几句声明》一脉相承。借用周作人的话说就是："我们看了非宗教大同盟，知道青年思想之褊隘，听了恋爱定则的讨论，更觉到他们的卑劣了。"（《卑劣的男子》）

当时周氏兄弟尚未失和，周作人的意见，多少可以代表鲁迅。他的《"重来"》一文，正是有关这一问题的深刻思考："易卜生做有一本戏剧，说遗传的可怕，名叫《重来》（Gengangere），意思就是僵尸，因为祖先的坏思想坏行为在子孙身上再现出来，好像是僵尸的出现。……若譬喻的说来，我们可以说凡有偶像破坏的精神者都不是'重来'。老人当然是'原来'了，他们的僵尸似的行动虽然也是骇人，总可算是当然的，不必再少见多怪的去说他们，所可怕的便是那青年的'重来'，如阿思华特一样，那么这就成了世界的悲剧了。我不曾说中国青年多如阿思华特那样的喝酒弄女人以致发疯，这自然是不会有的，但我知道有许多青年'代表旧礼教说话'，实在是一样的可悲的事情。所差者：阿思华特知道他自己的不幸，预备病发时吞下吗啡，而我们的正自忻幸其得为一个'重来'。"周氏兄弟对于青年一向未必寄予多大希望，但也从没有像现在这样失望。

"重来"虽然来源于易卜生，爱罗先珂却在周氏兄弟之前,表述过类似看法。他在北京写了几篇童话,由鲁迅译为中文。一九二二年十二月一日发表的《时光老人》,已经说道:"……但看见青年的人们学着老年,许多回重复了自己的父亲和祖父的错处和罪恶,还说道我们也是人,昂然的阔步着,我对于人类的正在进步的事,就疑心起来了。不但这一件,还有一看见无论在个人的生活上,在家庭间,在社会上,在政治上,重复着老人的错处和罪恶的青年,我就很忧虑,怕这幸福的人类接连的为难了几千年,到底不能不退化的了。"——当然,这又何尝不能看作译者鲁迅"借他人之酒杯,浇自己的块垒"呢。从《时光老人》到《"重来"》,其间似有一条思想脉络。

二〇〇六年十月二十六日

[补记]《鲁迅著译编年全集》出版后,我接受记者采访,尚有番话说:"我们现在这个编法,也是为了使读者尽可能回到鲁迅真实的语境或情境之中。譬如许广平编《且介亭杂文末编》中,有鲁迅两篇一九三六年的文章,一是《答托洛斯基派的信》,篇末署'六月九日',注明:'这信由先生口述,O.V.笔写。'一是《论现在我们的文学运动》,题下注'病中答访问者,O.V.笔录',篇末署'六月十日'。O.V.即

冯雪峰。但是如果放到具体时间项下去看，就会明白，所谓'口述'是不太可能的。因为鲁迅从当年六月六日起，就已经病得连日记都写不了了。直到六月三十日才写道：'自此以后，日渐委顿，终至艰于起坐，遂不复记。其间一时颇虞奄忽……'这种状况下，如何能口述整篇文章。胡风在《鲁迅先生》中关于前一文说：'当时鲁迅在重病中，无力起坐，也无力说话，连和他商量一下都不可能。……他（指冯雪峰）约我一道拿着拟稿去看鲁迅，把拟稿念给他听了。鲁迅闭着眼睛听了，没有说什么，只简单地点了点头，表示了同意。'关于后一文云：'（冯雪峰）又拟了《论现在我们的文学运动》，又约我一道去念给鲁迅听了。鲁迅显得比昨晚更衰弱一些，更没有力气说什么，只是点了点头，表示了同意，但略略现出了一点不耐烦的神色。'（一九九三年二月《新文学史料》第一期）对照鲁迅日记，虽不能一概证实他的回忆，至少不相冲突。"

二〇一八年四月八日

《小彼得》、许霞与鲁迅

《小彼得》原名《小彼得的朋友们讲的故事》（*Was Peterchens Freunde erzählen*），德语女作家海尔密尼亚·至尔·妙伦（Hermynia Zur Mühlen，通译赫尔米尼亚·祖尔·米伦）著，一九二一年柏林马利克出版社出版。一九二九年十一月，许霞中译本由上海春潮书局出版。一九三八年收入《鲁迅全集》第十四卷。一九五八年收入《鲁迅译文集》第四卷。

许广平著《青年人与鲁迅》云："《小彼得》那本书，原来是他拿来教我学日文的，每天学过就叫我试试翻译。意思是懂了，就总是翻不妥当，改而又改，因为还是他的心血多，已经是他的译品了。在试译的时候，他也说：'开手就让你翻译童话，却很有些不相宜的地方。'而且这小小的一部书，如果懂得原文的拿来比较一下，就晓得他是怎样地费了力气，一面译一面他老是说：'唉，这本书实在不容易翻。'也可以见得，就是这样小小的一本童话，他也一样的认真，绝没有骗骗孩子的心思。所以现在就收在全集里。"

鲁迅一九二九年九月八日日记云："夜校译《小彼得》毕。"九月十五日作《〈小彼得〉译本序》，有云："这连贯的童话六篇，原是日本林房雄的译本（一九二七年东京晓星阁出版），我选给译者，作为学习日文之用的。逐次学过，就顺手译出，结果是成了这一部中文的书。但是，凡学习外国文字的，开手不久便选读童话，我以为不能算不对，然而开手就翻译童话，却很有些不相宜的地方，因为每容易拘泥原文，不敢意译，令读者看得费力。这译本原先就很有这弊病，所以我当校改之际，就大加改译了一通，比较地近于流畅了。——这也就是说，倘因此而生出不妥之处来，也已经是校改者的责任。"

许广平之"改而又改"、"还是他的心血多"，亦即鲁迅之"大加改译了一通"也。不过"已经是他的译品了"，却不是鲁迅的说法；"现在就收在全集里"，他自己生前好像亦非如此安排。

《小彼得》署"许霞译"，这是许广平的名字，鲁迅自己没有用过。他另有一个笔名叫"许遐"，曾用以发表译作《鼻子》（一九三四年九月《译文》第一卷第一期）和《饥馑》

（一九三四年十月《译文》第一卷第二期）。许广平著《略谈鲁迅先生的笔名》云："许遐这名字，是因为我的小名与遐字同音而取的。"所谓"与遐字同音"的"小名"，即"许霞"也。

鲁迅曾自拟《鲁迅著译书目》，收《三闲集》。末列"译著之外，又有"，共计"所校勘者"、"所编辑者"、"所选定，校字者"、"所校订，校字者"、"所校订者"、"所印行者"六项。《小彼得》属于"所校订者"，注明"许霞译"，与《二月》（柔石作）、《小小十年》（叶永蓁作）、《穷人》（韦丛芜译）、《黑假面人》（李霁野译）、《红笑》（梅川译）、《进化与退化》（周建人译）、《浮士德与城》（柔石译）、《静静的顿河》（贺非译）和《铁甲列车第一四——六九》（侍桁译）同归一类。"著译书目"所列诸书，后或收入《鲁迅全集》，或收入《鲁迅译文集》；而"译著之外，又有"的各种，自"所选定，校字者"以下，包括与《小彼得》同属"所校订者"，上述二书皆未收录，只有《小彼得》是个例外。

与《小彼得》情形类似的，还有一篇许霞译《访革命后的托尔斯太故乡记》（日本藏原惟人作）。此文与鲁迅自己所译 Lvov-rogachevski 作《托尔斯太》、A.Lunacharski 作《托尔斯太和马克斯》和 Maiski 作《托尔斯太》同刊于一九二八年十二月三十日《奔流》第一卷第七期"莱夫·N·托尔斯太诞生百年纪念增刊",鲁迅评为:"末一篇是没有什么大关系的,不过可以知道一点前年的 Iasnaia Poliana 的情形。"(《〈奔流〉编校后记》)《托尔斯太》等三篇收入一九三八年版《鲁迅全集》。一九五八年版《鲁迅译文集》之《译丛补》中,却增添了《访革命后的托尔斯太故乡记》。据许广平《鲁迅回忆录》,她从鲁迅学日文始于一九二七年十二月,此文大概系其最早"试译"之作。

  鲁迅与周作人合译《域外小说集》、《现代小说译丛第一集》和《现代日本小说集》等,收入上述《鲁迅全集》和《鲁迅译文集》时,均只选录鲁迅所译部分。某些署"鲁迅译"的单行本,亦有篇章出自他人译笔,《鲁迅全集》和《鲁迅译文集》处理有同有异。《全集》删去《爱罗先珂童话集》中的《自叙传》、《为跌下而造的塔》(胡愈之译)和《虹之国》(汪馥泉译),却保留《竖琴》中的《老耗子》、《物事》(柔石译)和《星花》(曹靖华译),《一天的工作》中《一天的工作》和《岔道夫》(文尹即杨之华译)。对此许广平在《〈鲁迅全集〉编校后记》中解释说:"《竖琴》,《一天的工作》,原定只收先生翻译部分;及动手编排时,因序文与各篇皆互有关联,《一天的工作》一篇本非先生所翻译,但既以篇名作书名,删去更不相宜。继思两书皆费先生无数心血,亲手编定,为免割裂,自应一并附入。"《译文集》则皆予删除。不过《译文集》沿袭《全集》，保留了《一个青年的梦》之《与支那未知的友人》（周作人译），《苦闷的象征》附录《项链》（常惠译），《文艺政策》附录《以理论为中心的俄国无产阶级文学发达史》(冯雪峰译),《毁灭》之《代序——关于"新人"的故事》（"朱杜二君"译）、《作者自传》（亦还译）、《关于〈毁灭〉》（洛扬即冯雪峰译）。既然别处不求保持原著完整，这几篇亦以不收为宜。

二〇〇六年二月二十六日

鲁迅残简系年

《鲁迅全集》书信卷末附录致友人残简若干，多由收信人文中抄出，有几则未系年月。如"致刘岘"七则，注释云："这里的前五则据收信人作木刻《阿Q正传》（一九三五年六月未名木刻社出版）的后记所引编入。这些信约写于一九三四年至一九三五年间。后两则据收信人作《鲁迅与木刻版画》一文（载一九四七年十月《文艺春秋》月刊第五卷第四期）所引编入。"所言未免笼统。至少其中三、六两则，可以确定写信时间。

第三则如下：

"《孔乙己》的图，我看是好的，尤其是许多颜面的表情，刻得不坏，和本文略有出入，也不成问题，不过这孔乙己是北方的孔乙己，例如骡车，我们那里就没有，但这也只能如此，而且使我知道假如孔乙己生在北方，也该是这样的一个环境。"

据鲁迅日记，一九三四年五月十八日，"得刘岘信并木刻《孔乙己》一本，单片十一张，夜复之。"所复之信，盖即此也。

第六则如下：

"《引玉集》随信寄去，一册赠给先生，一册请转交M.K.木刻研究会。"

据鲁迅日记，一九三四年五月二十三日，"上午洪洋社寄来《引玉集》三百本，共工料运送泉三百四十元"，次日"上午以《引玉集》分寄相识者"。现在保存下来的当日赠书函，有致王志之、郑振铎者，致刘岘信也当写在这天。

此外，第二则提到，Meffert所作《你的姊妹》"将来我还想翻印，等我卖出了一部分木刻集——计六十幅，名《引玉集》，已去印——之后"。按《引玉集》付印在一九三四年三月一日，则该信写在此日至五月二十三日该书印好寄来之间。第七则云："《解放的DQ》一图，印刷被人所误，印的一塌胡涂，不能看了。"据鲁迅日记，一九三四年四月二十日，"夜费君送来《解放的董吉诃德》五十本。"致刘岘信应写于此后。

《全集》又录有"致曹聚仁"一则：

"倘能暂时居乡,本为夙愿;但他乡不熟悉,故乡又不能归去。自前数年'卢布说'流行以来,连亲友竟亦有相信者,开口借钱,少则数百,时或五千;倘暂归,彼辈必以为将买肥田,建大厦,辇卢荣归矣。万一被绑票,索价必大,而又无法可赎,则将撕票也必矣,岂不冤哉。"

注释云:"此则据收信人作《鲁迅先生》一文(载一九三六年十月二十五日《申报周刊》第一卷第四十二期)所引编入。"而未系写作时间。据曹聚仁说:"鲁迅先生在政治低压气氛中过活时,他是十分苦闷的;身体又很不好,肺病第三期。我曾劝他到山水之处休养一些时再说(我的意思,不妨到金华北山双龙洞一带去),他的回信云:……"

按鲁迅一九三六年两番病势转剧,一在三月二日,一在五月十五日;曹氏皆有可能劝他易地休养。但查鲁迅日记,二次病后,仅于八月十七日收到曹氏一信,而未著录回信与否。是以推想乃在前次。三月六日日记云:"得曹聚仁信。"七日云:"得曹聚仁信,即复。"鲁迅病后复曹信止这一通,故敢断言舍此无他。

二〇〇六年八月六日

《近代欧洲文学史》序

偶阅某图书馆目录，周作人名下有《近代欧洲文学史》，而他已面世的作品中并无此种。估计是未出版的遗稿，遂请作者家属代为查看。系线装一册，目录三叶，正文七十九叶。分"绪论"、"古代"、"古典主义时代"、"传奇主义时代"和"写实主义时代"五章。正文栏外有"近代欧洲文学史　国文门二年级　周作人编"字样。原是当年在北京大学的讲义。

一九一七年九月，周作人受聘为北京大学文科教授。据他介绍："课程上规定，我所担任的欧洲文学史是三单位，希腊罗马文学史三单位，计一星期只要上六小时的课，可是事先却须得预备六小时用的讲义，这大约需要写稿纸至少二十张，再加上看参考书的时间，实在是够忙的了。于是在白天里把草稿起好,到晚上等鲁迅修正字句之后,第二天再来誊正并起草,如是继续下去,在六天里总可以完成所需要的稿件,交到学校里油印备用。"(《知堂回想录·五四之前》)查周氏日记,一九一七年九月二十二日和二十四日,分别开始编纂"希腊文学史"和"近世文学史"。十二月十九日:"晚起草希文史了。"一九一八年一月七日:"晚起草罗马文学史。"三月十六日:"讲罗马文学史了。"六月五日:"讲二年级文学史了。"六月六日:"上午重编理讲义。"六月七日:"晚编理讲义了,凡希腊罗马中古至十八世纪三卷,合作《欧洲文学史》。"此即如其后来所说:"这样经过一年的光阴,计草成希腊文学要略一卷,罗马一卷,欧洲中古至十八世纪一卷,合成一册《欧洲文学史》,作为北京大学丛书之三,由商务印书馆出版。"(《知堂回想录·五四之前》)《欧洲文学史》出版于一九一八年十月。而该书整理完成之后,"近世文学史"仍在继续编写。一九一八年九月二十九日日记云:"下午校十九世纪文学史第一编,当付印。"一九一九年三月十四日:"下午续编二年级讲义。"三月十六日:"下午抄讲义五叶。"以后不复见记载。

据此可知,周氏先起草讲义,后整理成书;讲义共有"希腊文学史"、"罗马文学史"和"近世文学史"三种。其中"近世文学史"另有部分已经撰写,未及正式出版。现在这册《近代欧洲文学史》,应该就是周氏日记中所说"近世文学史"或"二年级讲义"。

《近代欧洲文学史》之"古代"、"古典主义时代"二章与《欧洲文学史》之第三卷大致相当,当系后者之底本。《欧洲文学史》该卷第一篇第二章"异教诗歌",对应《近代欧洲文学史》第二章中"异教诗歌"一节;第三章"骑士文学",对应"武士文学"一节;第五章"文艺复兴之前驱",对应"意大利文艺复兴之前驱"一节;第六章"文艺复兴期拉丁民族之文学",对应第三章"文艺复兴时期"中"意大利"、"法国"、"西班牙"三节;第七章"文艺复兴期条顿民族之文学",对应"德国"、"英国"二节;第二篇第一章"十七世纪",对应第三章"十七世纪"中"意大利"、"西班牙"、"德国"、"法国"、"英国"五节;第二章"十八世纪法国之文学",对应第三章"十八世纪"中"法国"一节;第三章"十八世纪南欧之文学",对应"意大利 西班牙"一节;第四章"十八世纪英国之文学",对应"英国"一节;第五章"十八世纪德国之文学",对应"德国"一节;第六章"十八世纪北欧之文学",对应"俄国"一节,间有采自"丹麦"、"瑞典"、"诺威"各节者;第七章"结论",对应"总说"一节。其间内容略见增删,文笔稍有润色。《欧洲文学史》用词较新,第三卷第一篇之"基督教",《近代欧洲文学史》第二章作"景教",即为一例。《欧洲文学史》第三卷第一篇第一章"绪论",则与《近代欧洲文学史》第一章"绪论"颇不相同;第四章"异教精神之再现",亦是补充而作。

《近代欧洲文学史》第三章末尾云:"文艺复兴期,以古典文学为师,而重在情思,故可谓之第一理想主义时代。十七十八世纪,偏主理性,则为第一古典主义时代。及反动起,十九世纪初,乃有理想主义之复兴(Revival of Romanticism)。不数十年,情思亦复衰歇,继起者曰写实主义,重在客观,以科学之法治艺文,尚理性而黜情思,是亦可谓之古典主义之复兴也。唯是二者,互相推移,以成就十九世纪之文学。及于近世,乃协合而为一,即新理想主义(Neo-Romanticism)是也。"而第四章题曰"传奇主义时代"。Romanticism一词,前后两种说法。查《欧洲文学史》第三卷第二篇第七章,则云:"文艺复兴期,以古典文学为师法,而重在情思,故可称之曰第一传奇主义(Romanticism)时代。十七十八世纪,偏主理性,则为第一古典主义(Classicism)时代。及反动起,十九世纪初,乃有传奇主义之复兴。不数十年,情思亦复衰歇,继起者曰写实主义(Realism),重在客观,以科学之法治艺文,尚理性而黜情思,是亦可谓之古典主义之复兴也。惟是二者,互相推移,以成就十九世纪之文学。及于近世,乃协合而为一,即新传奇主义是也。"大概《近代欧洲文学史》四、五两章,写成于《欧洲文学史》完稿之后,故说法一致,反倒与《近代欧洲文学史》前文相左了。

《近代欧洲文学史》四、五两章介绍十九世纪文学,篇幅几占全稿三分之二,为《欧洲文学史》所无。第四章"传奇主义时代"即为日记所云"十九世纪文学史第一编"。作者说:"后来商务印书馆要出一套大学的教本,想把这本文学史充数,我也把编好了的十九世纪文学史整理好,预备加进去,可是拿到他们专家审订的意见来一看,我就只好敬谢不敏了。因为他说书中年月有误,那可能是由于我所根据的和他的权威不合,但是主张著作名称悉应改用英文,这种英语正统的看法在那些绅士学者的社会虽是当然,但与原书的主旨正是相反,所以在绅士丛书里只得少陪了。"(《知堂回想录·五四之前》)所谓"编好了的十九世纪文学史",应是根据《近代欧洲文学史》四、五两章修订而成。不过迄未印行,现已亡失。只是在作者为所译《不自然淘汰》写的附记(一九一八年七月四日作)和《关于〈炭画〉》(一九二六年六月六日作)里,各抄录了关于斯忒林培克(August Strindberg,通译斯特林堡)和显克微支(Henryk sienkiewicz,通译显克维奇)的两段,较之《近代欧洲文学史》相应部分,内容文字略有出入。

有如周作人一九四四年在《我的杂学》中所述，其了解欧洲文学，始于在江南水师学堂学习英文，"借了这文字的媒介杂乱的读些书，其一部分是欧洲弱小民族文学"。到日本之后，又通过日译本阅读俄国作品和大陆文学，"对于所谓被损害与侮辱的国民的文学更比强国的表示尊重与亲近"。"那时影响至今尚有留存的，即是我的对于几个作家的爱好，俄国的果戈理与伽尔洵，波兰的显克威支，虽然有时可以十年不读，但心里还是永不忘记，陀思妥也夫斯奇也极是佩服，可是有点敬畏，向来不敢轻易翻动，也就较为疏远了。摩斐耳的《斯拉夫文学小史》，克罗巴金的《俄国文学史》，勃兰特思的《波兰印象记》，赖息的《匈加利文学史论》，这些都是四五十年前的旧书，于我却是很有情分，回想当日读书的感激历历如昨日，给予我的好处亦终未亡失。只可惜我未曾充分利用，小说前后译出三十几篇，收在两种短篇集内，史传评论则多止读过独自怡悦耳。但是这也总之不是徒劳的事，民国六年来到北京大学，被命讲授欧洲文学史，就把这些拿来做底子，而这以后七八年间的教书，督促我反复的查考文学史料，这又给我做了一种训练。我最初只是关于古希腊与十九世纪欧洲文学的一部分有点知识，后来因为要教书编讲义，其他部分须得设法补充，所以起头这两年虽然只担任六小时功课，却真是目不暇给，查书写稿之外几乎没有别的事情可做，可是结果并不满意，讲义印出了一本，十九世纪这一本终于不曾付印，这门功课在几年之后也停止了。"

《近代欧洲文学史》"出土"，十九世纪又是重点所在，或可弥补《欧洲文学史》不全之憾。我曾经说，《欧洲文学史》主要是向我们展现了作者所具有的广阔的文化视野；后来他以提倡"人的文学"和"思想革命"而成为五四新文化运动的代表人物，与此不无关系。结合《近代欧洲文学史》来看，此点更为显著。作者对《欧洲文学史》曾有自我批评："这是一种杂凑而成的书，材料全由英文本各国文学史，文人传记，作品批评，杂和做成，完全不成东西，不过在那时候也凑合着用了。"（《知堂回想录·五四之前》）然而其难能可贵之处，恰恰在于没有现成"母本"，居然编出一部条理清晰，内容丰富的文学史来。无论《欧洲文学史》，还是《近代欧洲文学史》，都是如此。国内后出类似著作，未必能够完全替代。

二〇〇七年一月二十七日

《周作人讲解鲁迅》序

十年前我汇编周作人所著《鲁迅的故家》、《鲁迅小说里的人物》、《鲁迅的青年时代》及关于鲁迅的零散文章,共得五十万言。如今又成《周作人讲解鲁迅》一书,并非找到了什么新材料,但也不是简单的"炒冷饭"。《鲁迅小说里的人物》解说鲁迅的《呐喊》、《彷徨》和《朝花夕拾》,而《鲁迅的故家》中的《百草园》也"差不多可以说是《朝花夕拾衍义》"(《彷徨衍义·狗》)。料想此老当年必是鲁迅一书在手,有话可说,即著之笔墨。"这只是像《四书典林》之类,假如用了庸俗的旧书来比方,讲说一点相关的人地事物四项的故事,有没有用处不能知道,但不是望着题目说空话,所以与《味根录》之类是有些不同的。"(《呐喊衍义·开端》)作者本是基于原著某一具体内容,"凭了我所知道的和记得的说来";但《鲁迅小说里的人物》和《鲁迅的故家》虽然各自出过几个版本,却始终是独立成书。读者读了周作人的解说,须得觅鲁迅著作对照;或者反过来,读了鲁迅的小说、散文,再另外看周作人如何讲法。这未免太麻烦了,估计少有人实行。于是这些"衍义"的效用,就要打些折扣了。现在我把周作人的相关文字,附在《呐喊》、《彷徨》和《朝花夕拾》各篇之后。便于读者阅读,如此而已。

《鲁迅的故家》、《鲁迅小说里的人物》向被列作"鲁迅研究资料",——此亦为周作人自己所认可:"我很自幸能够不俗,对于鲁迅研究供给了两种资料,也可以说对得起他的了。"(《知堂回想录·不辩解说下》)其间可能就是他所谓《四书典林》与《味根录》的区别,而后者不免如其所说,"是夸夸其谈的在讲章旨、节旨,谈得比本篇原文更长,印出来徒耗物力,要看的人也不会多的。"(《呐喊衍义·开端》)或许他之"供给资料",正为了使"研究"不成那个样子。也可以说"研究资料"与"研究"关注点有所不同。对《呐喊》、《彷徨》这类小说来说,其一在"来",其一在"去"。周作人讲过两段话:"这所谓索隐,与《红楼梦》索引并不相同,只是就小说中所记的事情,有些是有事实的根据的,记录下来,当作轶事看看,对于小说本身并无什么关系,作者运用材料本极自由,无论虚构或是实事,或虚实混合,都无不可,写成小说之后,读者只把它作整个艺术作品看,对于虚实问题没有研究的必要。"(《呐喊索隐》)"文学家所写,艺术家所画的人物,自然不必全要照原样,但是实物的比较有时也还不是无用。"(《关于阿Q》)是乃拘于虚实,则"没有研究的必要";着眼创造,则"实物的比较有时也还不是无用"。他讲了很多,归结到一点,就是鲁迅作为小说家,是怎样"运用材料",从而创造出"艺术作品"的。这给我们很多启示;其作为"研究资料"的价值,就在这里。

前引两段话,体现了周作人对于小说本质的深刻认识。他之无意"研究","是不为也,非不能也"。举个例子,《阿Q正传》刚刚发表不久,他评论说:"阿Q这人是中国一切的'谱'——新名词称作'传统'——的结晶,没有自己的意志而以社会的因袭的惯例为其意志的人,所以在实社会里是不存在而又到处存在的。……他像神话里的'众赐'(Pandora)一样,承受了恶梦似的四千年来的经验所造成的一切'谱'上的规则,包含对于生命幸福名誉道德各种意见,提炼精粹,凝为个体,所以实在是一幅中国人品性的'混合照相'。""只是著者本意似乎想把阿Q痛骂一顿,做到临了却觉得在未庄里阿Q还是唯一可爱的人物,比别人还要正直些,所以终于被'正法'了;正如托尔斯泰批评契诃夫所说,他想撞倒阿Q,将注意力集中于他,却反将他扶起了,这或者可以说是著者的失败的地方。"(《阿Q正传》)以"研究"论，恐怕较他人此后种种说法高明得多。《鲁迅小说里的人物》中一再声明"专说社会事实"，"不谈文艺思想"，其实偶尔涉及写作动机，主题思想，艺术特色，均不乏精辟见解。——附带说一句，前引文章有云："至于或者以为讽刺过分，'有伤真实'，我并不觉得如此，因为世间往往'事实奇于小说'，就是在我的灰色的故乡里，我也亲见到这一类脚色的活模型，其中还有一个缩小的真的可爱的阿桂，虽然他至今还是健在。"周氏"衍义"鲁迅小说，实即肇始于此。

周作人说："读者虽不把小说当作事实，但可能有人会得去从其中想寻传记的资料，这里也就给予他们一点帮助，免得乱寻瞎找，以致虚实混淆在一起。这不但是小说，便是文艺性的自叙记录也常是如此，德国文豪歌德写有自叙传，题名曰《诗与真实》，说得正好，表示里边含有这两类性质的东西。两者截然分开的固然也有，但大半或者是混合在一起，即是事实而有点诗化了，读去是很好的文章，当作传记资料去用时又有些出入，要经过点琢磨才能够适合的嵌上去。"(《呐喊衍义·搬家》)所关心的是《呐喊》、《彷徨》和《朝华夕拾》的"读法"问题。这里前两本虚构乃属必须，读者只要当它们作"小说"去看；后一本是"文艺性的自叙记录"，有必要分辨其中何者为"诗"，何者为"真"。所以谈论起来，态度略有区别。周作人曾说："豫才早年的事实大约我要算知道得顶多。"（《关于鲁迅之二》）他记述了许多事实，也谈到什么不是事实；所谓"对于鲁迅研究供给了两种资料，也可以说对得起他的了"，应该从这两方面去理解。此外他说："有些物事特别是属于乡土的，土物方言，外方人不容易了解，有说明的必要，此外因为时地间隔，或有个别的事情环境已经变迁，一般读者不很明了的，也就所知略加解说。"（《〈鲁迅小说里的人物〉总序》）这是他的兴趣，也是他的长项，记述事实时不免有所侧重；而对"有点诗化"者加以订正，亦多在此等方面。

以上所说"周作人讲解鲁迅"的特色，与我从前的看法相去不远，当时写过一万字的文章，在我的出品中算是长篇了，是以无须辞费。只再交代一点：选录的是《鲁迅的故家》和《鲁迅小说里的人物》中直接"衍义"鲁迅作品的内容，并非两本书的全部；此外仅从《鲁迅的青年时代》和《知堂回想录》中各取了一节，以为补充。周氏还有不少文章涉及鲁迅作品，为免重复，不复收入了。

二〇〇六年二月十一日

《周作人文选》序

编一本可供中学生阅读的周作人文选，实在不很容易。总的来说，他的文章不太好读。就中我觉得写得最好的，譬如"文抄公"之作，尤其如此。这与林语堂、梁实秋等颇不一样，倒与鲁迅多少相仿，虽然周氏兄弟是不同的难读法儿。

不过周作人的文章，早年的确曾经编进中学教材。章锡琛为开明书店一九三二年出版的《周作人散文抄》作序，也说："这部选本用意在给中学生一个榜样，让他们明白怎样才能将文章写得好。"——附带讲一句，此书一般认为是章氏所编，其实出自作者自己之手，见周氏一九三二年五月十二日日记："下午编文抄录目，寄给章锡琛君。"不管怎样，章氏在序中所说："这部选本既以文字为主，选时自然着眼在这一点上。目录也许与一般人心中所拟的大不一样，但敢说这是用过一番心的。"道理总是不错。

　　现在我选这本书，用心就像章锡琛讲的那样；亦曾参考《周作人散文抄》，尽管那只是戋戋小册。无非尽量选取比较容易读，又的确写得好的。我尝将周氏创作生涯分为早中晚三期，分别以三十年代初和四十年代中为界限；现在所选早期之作较多，因为更合乎上述要求。不过还得强调一句，以个人口味论，最喜欢他的中期之作。——我的意思是，诸位看过这本书后，请勿浅尝辄止，将来再去读读他写得最好，可惜此次未能编入的那些篇章。

二〇〇五年十二月四日

　　[补记] 此书系周作人儿媳张菼芳先生嘱我编的，还承代为谈定编选费用。说来我编知堂老人的书，所得从零元到若干元不等，因为这原本是我想干的，也是我爱干的，求之不得。但是一直记着这回的事，很感谢张先生的厚意。不过编完交稿，即无下文，似迄未付梓，连是哪家出版单位我也忘记了。

二〇一九年三月七日

《乙酉文编》考

《过去的工作》，署知堂著，澳门大地出版社一九五九年出版。《知堂乙酉文编》，署周作人著，香港三育图书文具公司一九六一年出版。以后均有上海书店影印本，收入"中国现代文学史参考资料"。

作者一九六四年七月三日所拟《解放后著译书目》，将《过去的工作》误记为"香港新地出版社印行"。在《过去的工作》和《知堂乙酉文编》之后则注云："以上两种本系一书，为解放前所作杂文，总名《乙酉文编》，由曹聚仁君携赴香港，为谋出版因析而为二。"

一九七三年香港出版的《周曹通信集》，卷首的"周作人遗墨——自编书目"，即为周氏原来所编《乙酉文编》目录，包括：一、《□□□郭》（原注：缺），二、《谈胡俗》，

三、《□□□生老母》(原注：缺)，四、《无生老母的消息》，五、《焦里堂的笔记》，六、《读书疑》，七、《古文与理学》；八、《关于竹枝词》，九、《北京的风俗诗》，十、《关于近代散文》，十一、《遗失的原稿》，十二、《关于遗令》，十三、《再谈禽言》，十四、《关于红姑娘》，十五、《风的话》，十六、《东昌坊故事》，十七、《石板路》，十八、《佐藤女士的事》，十九、《饼斋的尺牍》，二十、《曲庵的尺牍》，二十一、《实庵的尺牍》，二十二、《凡人的信仰》，二十三、《道义之事功化》，二十四、《过去的工作》，二十五、《两个鬼的文章》，二十六、《重来者之可怕》（原注：未完）。另有附录两篇：《日本管窥之四》和《日本之再认识》。文章之后，均标明写作时间和原稿页数，今从略。

目录后有附记云："右本文二十六篇，共百五十纸，（内二篇十一纸缺，）均系乙酉年（一九四五）中所写，当时预备结集，以一篇《过去的工作》的题目为名，那篇文章即作为跋语。今年从故纸中取出，加以整理，加上两篇附录，订为一部两册以便批览，改题云《乙酉文编》。偶一翻看，觉得也还有一二篇可看得，如《无生老母的消息》，又《日本之再认识》一篇与《管窥之四》所说亦仍确实，可供将来留意日本问题者之参考也。一九五二年十一月八日，编订讫记于北京。"则此书编集经过"预备结集"和"加以整理"两次过程，书名和篇目顺序均有所不同，且前者似未将分别写于一九三七和四〇年的《日本管窥之四》和《日本之再认识》收录在内。

一九五七年五月二十二日周氏在曹聚仁的信中说："适找得旧稿二册，皆乙酉年所著，如有可出版之处，愿意印行，其中亦多未发表者，可请选登杂志。"是为"谋出版"之开始，而"旧稿二册"大概即为前述附记所说"订为一部两册"者也。但是后来出版之《过去的工作》和《知堂乙酉文编》，显然并非按照稿本原来样子"析而为二"。《过去的工作》收文十五篇，均见于作者手订《乙酉文编》目录，前后顺序却与目录完全不同，说明是从中抽出另行编集的。"析而为二"的起因，陈思（即曹聚仁）《一本书的传奇》一文介绍说："当时，港中朋友很起劲地在编《乡土》（半月刊）和《文艺世纪》（月刊），他们很爱好老人的散文，要我便中向老人要了一些来。他们两家，平分春色，还刊行了两种杂文集（《乙酉文编》和《过去的工作》）。"

《知堂乙酉文编》卷首有作者一九六〇年二月十六日所作《题记》，有云："右散文十七篇，本系《乙酉文编》原稿的一部分，在一九五二年冬天编成后，久藏箧底。三年前曹聚仁先生北游见访，出以相示，承他带至香港，在杂志上发表若干篇，后来集印为一册，即《过去的工作》便是。余下的这一部分，他又为整理出板，就用这《乙酉文编》的名称。"所说与事实略有出入，"十七篇"并非皆"系《乙酉文编》原稿的一部分"，《知堂乙酉文编》也不就是析出《过去的工作》后"余下的这一部分"。

将《知堂乙酉文编》与周氏手订《乙酉文编》目录加以对比，发现其中见载目录诸篇，一如原来顺序排列。这说明《知堂乙酉文编》的编辑，确是以当初稿本为基础。然而内容却有所增删。目录中《□□□郭》、《□□□生老母》、《佐藤女士的事》和《重来者之可怕》未收入。前二篇原已注明"缺"，末一篇则注明"未完"。除缺者外，另外两篇目录上有勾去痕迹，不知是否为作者后来删削。《□□□郭》疑即《关于东郭》，据谢兴尧《回忆知堂》一文云："此稿我本打算登在《逸经》第三期，因时局变化没有发表，存于我的箧底至四十年。"后收入《周作人文类编》，但此书"已将较为长段的引文用另种字体排印，与此有关的分段、标点因此略有变通"（见《全书凡例》），故而并非原貌。《佐藤女士的事》刊于《女声》一九四五年四卷二期。《□□□生老母》和《重来者之可怕》似已佚。

《知堂乙酉文编》中，《关于竹枝词》重出于《过去的工作》一书。除《题记》外，另有七篇为原目录中所无。其中《孔融的故事》、《小说的回忆》和《报纸的盛衰》置原有余稿之前,《五十年前之杭州府狱》、《红楼内外》、《谈文章》和《关于覆瓿》列原《乙酉文编》正文之后,两篇附录之前。从周氏给曹聚仁信中可知,增加篇目系由本人提供,编排顺序亦曾多所指示。如一九六〇年二月二日:"兹又检出解放前文稿一纸,希加入在《孔融的故事》之后。"一九六〇年二月六日:"《乙酉文编》即请照尊意办理,唯前此追加二篇,可以编入,添在末后,至《日本管窥之四》则即作为附录可也。又附上两篇,乞一并加入。(信中只附一篇,其一页数稍多,改作印刷品另寄。)"二月十七日:"《乙酉文编》题记赶紧写了一篇送上,但所收文章篇数望一查明改正为荷。另口又寄上逸稿两篇,希酌量编入。"《题记》手稿也影印在《周曹通信集》中,开头说"右散文十六篇",收入书中则作"十七篇",当系曹氏代改。

《知堂乙酉文编》正文所增加的七篇,《谈文章》篇末署"乙酉六月",当系前次编订《乙酉文编》时漏收。《关于覆瓿》载一九三九年十一月《覆瓿》月刊该月号,自非乙酉年所写。另外五篇均未注明写作时间。《红楼内外》系因《子曰》一九四八年第二辑莛公(即谢兴尧)文章《红楼一角》而作,分为《红楼内外》、《红楼内外之二》载该刊同年第四、五辑(十月二十五日,十二月三十一日),显然写于该年。《五十年前之杭州府狱》曾刊一九四八年十一月《好文章》

第三集，篇末引自作《花牌楼》诗，作于丁亥（一九四七年）暑中，文章当写于此后。《小说的回忆》中说"前几年写过一篇五言十二韵，上去声通押的'诗'，是说《西游记》的"，篇末又引《白蛇传》一诗，此二诗亦属于《丁亥暑中杂诗》，则也是此后之作。《报纸的盛衰》中几次提到使用金圆券，且说："恰似目前的金圆券，初出来时以二对一兑换美元，过了半年之后变了二万对一。"应该写在一九四九年了。钟叔河《周作人文类编》和张菊香、张铁荣《周作人年谱》将《五十年前之杭州府狱》、《小说的回忆》和《报纸的盛衰》列为一九四五年所作，恐有不确。《年谱》初版本更将《红楼内外》系于该年，增订本则在一九四五年和一九四八年项下重复注录，不知何故。上述数文写于南京狱中或其后，多少可以由此体会作者的心情和处境。各篇多为述说，很少引文，或为被迫之举，然风格究竟有别于此前所作。惟《孔融的故事》一篇写作时间难以推测，《小说的回忆》中曾摘引此文，当写在后者之前，然而不宜因收入《乙酉文编》，即轻易断言是那一年的作品。

据《周作人年谱》，一九六〇五月三十日得曹聚仁寄《知堂乙酉文编》校样，次日阅之，六月一日寄回。然一九六二年七月二十七日周氏给鲍耀明写信说："《红楼内外》说明，具如别纸，该书误字甚多，惜不及一一校正。"如《谈文章》

目录"谈"作"说",《五十年前之杭州府狱》,目录无"之"字。又书中《无生老母的信息》一文,周氏手订目录作《无生老母的消息》,给曹聚仁(一九五×年一月三十日,影印于《知堂乙酉文编》前面)和鲍耀明(一九六五年四月二十一日)写信谈及此文,也说是《无生老母的消息》。然而最初发表在一九四五年七月《杂志》第十无卷第四期时就是"信息"而非"消息",错讹或即自此出也。较大的问题是书名,周氏在《题记》和通信中从来只说《乙酉文编》,不说《知堂乙酉文编》,我怀疑其中"知堂"二字,系出版时为曹聚仁或别人添加。不过这连同《乙酉文编》的"析而为二"既然发生于作者生前,应该认为是得到他默认的了。

二〇〇〇年五月二十七日

[补记] 写此文时,尚未见到《子曰》、《好文章》,只能如谢其章君所云,学"胡适说的'读书当于不疑处疑之'"。及阅老谢所藏两种杂志,《红楼内外》篇末注明"三十七年九月",《红楼内外之二》注明"三十七年十一月",《五十年前之杭州府狱》注明"三十七年九月"。《孔融的故事》曾载一九四九年二月《好文章》第四集,未注明写作时间。又承赵国忠君告知,《谈文章》载一九三七年六月一日《北

平晨报·风雨谈》，取原刊文对比《知堂乙酉文编》所收该篇，后者有些改动，末尾所署"乙酉六月"，或即修改时间。又我曾在一本拍卖图录上见到周作人手稿《重来者之可怕》第一页，此文《乙酉文编》目录注明"五"，即五页也。这批拍品系香港鲍耀明先生提供，我想他或留有复印件，遂去信叩问，回信有云："我手上并无《重来者之可怕》未刊稿，无以奉寄，敬乞恕之。"周氏此稿虽曾保存在他处，但或向未寓目，如今也就不知下落了。

二〇一九年三月七日

知堂佚著考

周作人已出版之著译单行本约九十种，我所整理之《周作人自编文集》、《苦雨斋译丛》、《周氏兄弟合译文集》等未尽赅括，近来又有《近代欧洲文学史》一种"出土"。周氏著译不曾面世者尚有若干，兹根据相关记载概述如下，或可供有志发掘者参考。单篇不在此列，他日拟更作《知堂佚文考》焉。

一，《秋草闲吟》。据《知堂回想录·五年间的回顾》："丙午（一九〇六）年以后，因为没有写日记，所以无可依据了，但是有一篇《〈秋草闲吟〉序》，是那年春天所作，诗稿已经散逸，这序却因鲁迅手抄的一本保存在那里。"该序有云："予家会稽，入东门凡三四里，其处荒僻，距市辽远，先人敝庐数楹，聊足蔽风雨，屋后一圃，荒荒然无所有，枯桑衰柳，倚徙墙畔，每白露下，秋草满园而已。予心爱好之，因以园客自号，时作小诗，顾七八年来得辄弃去，虽哀之可得一小帙，而已多付之腐草矣。今春无事，因摭存一二，聊以自娱，仍名秋草，意不忘园也。"《〈老虎桥杂诗〉题记》则云，《秋草闲吟》"诗句悉已忘却，但记有除夕作，中有云，即不为大椿，便应如朝菌，一死息群生，何处问灵蠢。又七绝末二句云，独向龟山望松柏，夜乌啼上最高枝。龟山在故乡南门外，先君殡屋所在地也"。周氏此前日记中录存诗作约三十余首，所云除夕作即在此列，其他或亦有编入该诗集者。

二，《劲草》。此即俄国作家阿列克赛·康斯坦丁诺维奇·托尔斯泰（Алексей Константинович Толстой）一八六二年所著长篇小说《Князь Серебряный》，通译《谢列布良内公爵》。据《知堂回想录·翻译小说下》："我们第二种翻译的乃是俄国的一部历史小说，是大托尔斯泰所著，他与《战争与和平》的作者同姓，但是生的更早，所以加一'大'字以为识别。原书名叫《克虐支绥勒勃良尼》，译起意思来是《银公爵》，是书中主人公的名字，英译则称为《可怕的伊凡》，伊凡即是教名约翰的转变，伊凡四世是俄国十八世纪中的沙皇，据说是很有信心而又极是凶暴，是个有精神病的皇帝，被人称作可怕的伊凡。银公爵虽是呱呱叫的忠臣义人，也是个美男子，可是不大有什么生气，有如戏文里的落难公子，出台来唤不起观众的兴趣，倒是那半疯狂的俄皇以及懂得妖法的磨工，虽然只是二花面或小丑脚色，却令人读了津津有味，有时回想起来还不禁要发笑。这部小说很长，总有十多万字吧，阴冷的冬天，在中越馆的空洞的大房间里，我专管翻译起草，鲁迅修改眷正，都一点都不感到困乏或是寒冷，只是很有兴趣的说说笑笑，谈论里边的故事，一直等到抄成一厚本，蓝格直行的日本皮纸近三百张，仍旧以主人公为名，改名《劲草》，寄了出去。可是这一回却是失败了，不久接到书店的覆信，说此书已经译出付印，原稿送还，这是没有办法的事，自然只好罢了，但是觉得这《劲草》却还有它的长处，过了几天那译本果然出来了，上下两册，书名《不测之威》。看了并不觉得怎样不对，但敝帚自珍，稿本一直也保存着，到了民国初年鲁迅把它带到北京，送给杂志或日报社，计划发表，但是没有成功，后来展转交付，终于连原稿也遗失了。"据周氏《墨痕小识》，该项译事完成于"丁未九月"，《遗失的原稿》则云"大概是在丁未之冬完成的吧"。

三，《欧洲文学史》增订本。据《知堂回想录·五四之前》："课程上规定，我所担任的欧洲文学史是三单位，希腊罗马文学史三单位，计一星期只要上六小时的课，可是事先却须得预备六小时用的讲义，这大约需要写稿纸至少二十张，再加上看参考书的时间，实在是够忙的了。于是在白天里把草稿起好，到晚上等鲁迅修正字句之后，第二天再来誊正并起草，如是继续下去，在六天里总可以完成所需要的稿件，交到学校里油印备用。这样经过一年的光阴，计草成希腊文学要略一卷，罗马一卷，欧洲中古至十八世纪一卷，合成一册《欧洲文学史》，作为北京大学丛书之三，由商务印书馆出版。……后来商务印书馆要出一套大学的教本，想把这本文学史充数，我也把编好了的十九世纪文学史整理好，预备加进去，可是拿到他们专家审订的意见来一看，我就只好敬谢不敏了。因为他说书中年月有误，那可能是由于我所根据的和他的权威不合，但是主张著作名称悉应改用英文，这种英语正统的看法在那些绅士学者的社会虽是当然，但与原书的主旨正是相反，所以在绅士丛书中间只得少陪了。"

《欧洲文学史》出版于一九一八年十月，所增订之"十九世纪文学史"当列为该书第三卷第三篇，今已不存。作者曾在《〈不自然淘汰〉附记》（一九一八年七月四日作）和《关于〈炭画〉》（一九二六年六月六日作）里，抄录了其中有关斯忒林培克（August Strindberg，通译斯特林堡）和显克微支（Henryk sienkiewicz，通译显克维奇）的两段。新发现的《近代欧洲文学史》之第四章"传奇主义时代"和第五章"写实主义时代"，系"十九世纪文学史"的底本。

四，《真谈虎集》。据《〈谈龙〉〈谈虎集〉序》：

"有一部分经我删去了,小半是过了时的,大半是涉及个人的议论;我也曾想拿来另编一集,可以表表在'文坛'上的一点战功,但随即打消了这个念头,因为我的绅士气(我原是一个中庸主义者)到底还是颇深,觉得这样做未免太自轻贱,所以决意模仿孔仲尼笔削的故事,而曾经广告过的《真谈虎集》于是也成为有目无书了。……《真谈虎集》的图案本来早已想好,就借用后《甲寅》的那个木铎里黄毛大虫。现在计划虽已中止,这个巧妙的移用法总觉得很想的不错,废弃了也未免稍可惜,只好在这里附记一下。"《知堂回想录·三一八》则云:"当时也曾写过些文章,正面的来说愤慨的话,自谴责以至恶骂,如在《京报》上登载的《恕陈源》等,本来想收集拢来归入《真谈虎集》内的,但是不晓得怎么一来,不曾实行,而且把目录也遗失了,或者是绅士鬼临时执政的时候所决定的吧。"《真谈虎集》当与《谈龙集》、《谈虎集》同编于一九二七年。女师大事件至三一八事件期间,周氏所作包括《恕陈源》在内的"涉及个人的议论"多发表于《京报副刊》,现均收入陈子善、张铁荣编《周作人集外文》,《真谈虎集》拟收诸篇或散见其中。

五,《桑下谈》。据《〈桑下丛谈〉小引》:"平常胡乱写文章,有关于故乡人物者,数年前选得三十篇,编为《桑下谈》,交上海书店出板,适逢战祸,未知其究竟,……"《〈桑下谈〉序》附记则云:"《桑下谈》则似未曾出版。"据《〈桑下谈〉序》,书名典出《后汉书·襄楷传》"浮屠不三宿桑下,不欲久生恩爱",周氏有云:"浮屠应当那样做,我们凡人是不可能亦并无须,但他们怕久生恩爱,这里边很有人情,凡不是修道的人当从反面应用,即宿于桑下便宜有爱恋是也。本来所谓恩爱并不一定要是怎么急迫的关系,实在也还是一点情分罢了。……不佞生于会稽,其后寄居杭州南京北平各地,皆我的桑下也,虽宿有久暂,各有所怀恋,平日稍有谈说,聊以寄意,今所集者为关于越中的一部分,故题此名,并略释如上。故乡犹故国然,爱而莫能助,责望之意转为咏叹,则等于诔词矣,此意甚可哀也。"该序作于一九三七年六月三日。《桑下谈》系选本,篇章或载先前所出各书,惟目录失传,不知其具体面目耳。

六、《希腊神话》第一次译稿及《希腊神话比较研究》、《希腊神话论》。《希腊神话》原名 *Bibliothêkê*,周氏译作《书库》,通译《神话全书》,托名阿波罗多洛斯(Apollodorus)著,实为公元一世纪的作品。据《〈希腊神话〉引言》:"我发心翻译这书还在民国廿三年,可是总感觉这事体重难,不敢轻易动笔,廿六年夏卢沟桥变起,闲居无事,始着手迻译,至廿七年末,除本文外,又译出茀来若博士《希腊神话比较研究》,哈利孙女士《希腊神话论》,

各五万余言,作本文注释,成一二两章,共约三万言。廿八年以来中途停顿,……现在先将第一章分段抄出,各附注释,发表一下。"一九四四年十月至十二月《艺文杂志》第二卷第十、十一、十二期所载《希腊神话》,共两万字,是为该译稿之仅存者。翻译《希腊神话》的两件副产品,一是哈利孙(Jane Harrison,通译哈里森)著《希腊神话论》,拟列为该书附录,但是"交给当时由胡适之博士主管的编译委员会,后来听说这些稿件存在香港,恐怕现在已经不知下落了吧"(《怠工之辩》)。一是茀来若(James George Frazer,通译弗雷泽)著《希腊神话比较研究》,日记写作《神话考证》,"共四八五页,约九万六七千字",拟据以撰写注释,现亦不存。一九五〇年至一九五一年周氏重新翻译《希腊神话》,一九九九年一月由中国对外翻译出版公司出版。

七,笔记(书名不详)。周作人一九四五年五月下旬的日记中,多有写作笔记的记载,六月四日日记:"下午写笔记,成一卷,共约三万三千字。"八月三日:"收亢德寄还笔记稿廿页,即寄读书出版社。"然而未获出版。又据周黎庵《周作人与〈秋灯琐记〉》,一九七九年他曾见过周氏一部手稿,题为《秋灯琐记》,"大概百余页,内容杂乱无章,各种体裁的文章都有,主要的则是日记",不知是否即系此书。该稿亦已下落不明。

八，《北京竹枝词集》。周作人一九四五年六月十四日日记："下午编《北京竹枝词集》了。"该书未能印行。周氏一九四五年六月十五日所作《北京的风俗诗》（收《知堂乙酉文编》）、七月二十日所作《关于竹枝词》（收《过去的工作》、《知堂乙酉文编》），皆与《北京竹枝词集》有关，前者提及"鄙人所知""可以称是风俗诗"的北京竹枝词，以无名氏《都门竹枝词》八十首和得硕亭《草珠一串》一百八首"为优"，此二种当入选焉；后者则云："今先从韵文部份下手，将竹枝词等分类编订成册，所记是风土，又是诗，或者以此二重原因，可以多得读者，但此亦未可必，姑以是为编者之一向情愿的希望可也。"

九，《近代散文》。周作人一九四五年七月二十四日日记："编《近代散文》。"七月二十七日："编《近代散文》全了。"七月三十日："下午长谷川来，交予《近代散文》稿。"亦未付梓。周氏一九四五年七月二十七日所作《关于〈近代散文〉》（收《知堂乙酉文编》），似为该书之序或后记，其中介绍此系作者教授国语文学所用"资料"，有云："至于资料，又渐由积聚而归删汰，除重要的几个人以外，有些文章都不收入，又集中于明代，起于李卓吾，以李笠翁为殿，这一回再三斟酌，共留存了十人，文章长短七十余篇，重复地看了一遍，看出其中可以分作两路，一是叙景兼事的纪游文,一是说理的序文,大抵关于思想义学问题的,……明末这些散文,我们这里称之曰近代散文,虽然已是三百年前,其思想精神却是新的,这就是李卓吾的一点非圣无法气之留遗,说得简单一点,不承认权威,疾虚妄,重情理,这也就是现代精神,现代新文学如无此精神也是不能生长的。"

十,《希腊的神与人》。此即英国学者劳斯(William Henry Denham Rouse)一九三四年所著 *Gods, heroes and men of ancient Greece*(《古希腊的神、英雄与人》)。据《知堂回想录·北大的南迁》:"原书则在一九四七年顷译出,其时浙江五中旧学生蒋志澄在正书书局当主任,由他的好意接受了,但是后来正中书局消灭,这部稿子也就不可问了。……它的名字第一次是《希腊的神与人》。"《〈希腊的神与英雄〉译后附记》则云:"一九四七年春夏之交,曾经化了两个月工夫,将这册书译成中文,后边抄集讲过的关于希腊神话的话,不论散文与诗,附记以备参考。这部稿子经友人介绍交给一家书局出版,可是不久被火烧毁,不复存在了。"《译后附记》中《关于希腊神话》一则,写于"丁亥五月二十二日",是该译本唯一的遗存。一九四九年周氏回北京后重新翻译,题为《希腊的神与英雄》,一九五〇年十一月由文化生活出版社出版。一九五八年一月由天津人民出版社重印,书名改作《希腊神话故事》。

十一,《史记》。此即古希腊希罗多德(Herodotus)所著 Historiae,通译《历史》。据《知堂回想录·我的工作三》:"(一九五一年)六月以后我应开明书店的提示,动手译希罗德的《史记》,可是没有原典,只得从图书馆去借勒布丛书本来应用,到了第二年的一月,开明通知因为改变营业方针,将专门出青年用书,所以希罗多德的翻译用不着了,计译至第二卷九十八节遂中止了。"又据周氏日记,自一九五一年九月十一日起,至一九五二年一月十五日止,共完成约十万字。现已亡佚。

十二,《绍兴儿歌集》。据《知堂回想录·自己的工作四》:"从癸丑年起,我又立意搜集绍兴儿歌,至乙卯春初草稿大概已定,但是一直无暇整理,一九三六年五月写过一篇《〈绍兴儿歌述略〉序》,登在当时复刊的北京大学《歌谣周刊》上边,但是这个工作直至一九五八年九月这才完成,二十多年又已过去了。当时原拟就语言及名物方面,稍作疏证的工夫,故定名《述略》,后来却不暇为此,只是因陋就简的稍加注解,名字便叫作《绍兴儿歌集》。可是现今因为兴起'新民歌'运动,这是旧时代的儿歌,它的出版不能不稍要等待了。"周作人一九五八年八月十六日日记:"上午写绍兴儿歌。"九月十一日:"上午写《绍兴儿歌集》了,共一百〇八页。"九月十二日:"下午校阅《绍兴儿歌集》一过。"

十月九日:"晚人文社来取儿歌集稿去。"一九六三年六月三十日:"维钧与民间文学会陶建基来,谈儿歌出板事。"此书终未问世,只在《鲁迅与歌谣》中抄录了两则。周氏搜集的绍兴儿歌底稿幸得保存,二〇〇四年由福建教育出版社影印出版,题为《童谣研究》,包括所辑录的古今有关论说,古代童谣和今代童谣,注明"二年癸丑一月始业,拟编为《越中儿歌集》一卷"。其中所录《〈绍兴儿歌集〉小引》一文,向未发表:

"辛亥(一九一〇)年秋天我从东京回绍兴,开始搜集本地的儿歌童话,民国二年(一九一三)任县教育会长,利用会报作文鼓吹,可是没有效果,只有一个人寄过一首歌来。我自己陆续抄了有百余则,还都是草稿,没有誊清过。六年(一九一七)四月来到北京,不久北京大学歌谣研究会成立,我也在内,所有的贡献也只是这册稿子,登记'浙三'号,几年之后该会无形解散,我便收了回来。二十五年(一九三六)一月歌谣研究会二次重兴,催促我整理旧稿,赶快出板,当时我拟了一个计划,想对于言语,名物,风俗,稍加详细说明,改编为《绍兴儿歌述略》,不意荏苒二十多年,仍旧是那一册稿子。前年有友人劝我,乘鲁迅逝世二十周年把它编出来,也可以做一种纪念,因为里边的歌谣都是鲁迅所熟悉的,有的是他儿时唱过的,这是很值得做的工作。但是我去年病后,精神不继，不能照原定计划来记述，现在只因陋就简的加以整理，姑且把它编印出来，以供读者的参考，此外也别无奢望了。一九五八年四月记于北京。"

十三，《日本狂言选》增订本。据《知堂回想录·我的工作六》："民国十五年（一九二六）我初次出板了一册《狂言十番》，如这书名所示里边共包含狂言的译文十篇。到了一九五四年我增加了十四篇，易名为《日本狂言选》，由人民文学出版社刊行，算是第二次板本。第三次又有一回增补，尚未出板，唯译稿已于一九六〇年一月送出，除增加三十五篇计十二万字，连旧有共五十九篇约二十八万字。此次增补系应出板社的嘱托，命将苏联译本的'狂言'悉收容在里边，经查对俄译本三十九篇中有五篇已经有译文，乃将余下的三十四篇一一按照篇目译出补齐，又将额外的指定的一篇《左京右京》也翻译了，这才交了卷。"又据周氏日记，一九五九年八月十一日起手，九月三十日完成，"计十一万五千字"。此增订本未获出版，原稿亡失。

十四，《平家物语》第七卷和第八卷的一部分。一九六五年四月二十三日至一九六六年四月十九日，周作人翻译《平家物语》一至六卷，手稿尚存，二〇〇一年一月由中国对外翻译出版公司出版单行本。然据周氏日记，一九六六年四月二十六日至七月八日，他还译出该书第七卷和第八卷的一部分，共一百二十六纸，约五万字。其中的一百二十三纸，于五月十三日、六月三日和七月一日分批寄交人民文学出版社，盖不知下落矣。

二〇〇七年十月四日

[补记] 这里所列第六项中，周作人一九三七年所译《希腊神话》和一九三八年所作《希腊神话注释》（未完成），五年后我在"胡适档案资料库"找到了，《希腊神话》原稿计二百九十页，《希腊神话注释》原稿计一百七十九页。经整理后，已补入新版《周作人译文全集》。但"胡适档案资料库"里，《希腊神话比较研究》和《希腊神话论》各仅保存一页目录，两书全稿仍在"佚著"之列。

二〇一九年三月七日

手札与录文

谷林翁曾以《人间犹有未烧书》为题，评论《周作人早年佚简笺注》一书。——所谓"周作人早年佚简"，其实是他在一九二五至一九三六年间致江绍原的一百一十封信。现在《江绍原藏近代名人手札》出版，计作者二十，信件一百五十九，其中周作人有一百零八通之多，俱为《周作人早年佚简笺注》已收录者。此外蔡元培、鲁迅、钱玄同、胡适、林语堂、徐志摩、郑振铎、郭沫若、孙伏园、俞平伯、赵景深等人所作，多为首次披露。《手札》原色影印，装帧精美，实非《佚简》可以比拟；我们对此"人间犹有未烧"之"书"，印象更为具体，连带而生的感慨也就更多。此句出自清人陈恭尹《读秦纪》一诗："谤声易弭怨难除，秦法虽严亦甚疏。夜半桥边呼孺子，人间犹有未烧书。"谷林说："踏实说，焚书令下,哪里便会顷刻间片策无剩?有疏脱走漏殆所难免。更何况似醉如痴的书迷,任何时地总可找到那么三两个,舍得陪上身家性命,也要千方百计豁出去抢救护藏。"所论与陈诗原旨相合,多着眼于"秦法"之"疏";我却难忘其"严"。举个例子,读周黎庵、张中行、邓云乡、张铁铮、孙旭升等人文章,均讲所藏知堂信札少则数十,多至二百,"文革"时不约而同烧掉了。文化浩劫,毁弃无尽。"秦人不暇自哀,而后人哀之,后人哀之而不鉴之,亦使后人而复哀后人也。"杜牧《阿房宫赋》所言,似当与陈诗谷文合而观之。

回到《江绍原藏近代名人手札》,即如书名所示,写信收信者俱非等闲之辈,内容形式,均颇可观,其极致者,兼得书法之美,信笺之美,印章之美和格式之美,真当以王勃《滕王阁序》之"四美具,二难并"来形容了。好像惟有先前的《周作人俞平伯往来书札影真》一书,堪与媲美。有朋友说,计算机兴而文字死,E-mail 行而书信亡。面对前辈这批手札,或许最有今昔之慨。不过我却觉得,形式之美是可能复制的;倒是相关内容,连带着写信人与收信人的那份生活、修养、见识、情趣、爱好、交谊等,恐怕已成绝响。前述谷林文章引《〈周作人书信〉序信》的话说:"此所谓信,原是不拟发表的私书,文章也只是寥寥数句,或通情愫,或叙事实,而片言只语中反有足以窥见性情之处,此其特色也。"然后说:"此'特色'今乃于'佚简'见之。我们本来无由得'窥'的'私书',这一回却因'焚书未尽','复壁犹存',抑且作者长往,无从删改,侥天之幸,得诸望外,果真'文章也只是寥寥数句,或通情愫,或叙事实',弥耐咀含,亦足为洞明世事、练达人情之助。"此语可以一并形容整部《江绍原藏近代名人手札》。然而所说那点意思,后人恰恰摹仿不来。这里讲个笑话,有当编辑的朋友收到投稿,作者附信说:"今再赐一稿……"我想大概只好答以"受宠若惊"了罢。前几天我在一篇文章中说,文化之劫比政治之劫、经济之劫更难恢复;政治容或转而清明,经济也许重又振兴,文化的损失则无可弥补。但是政治清明、经济振兴之后,又必以弥补文化为要务,结果往往只制造出一大批伪文物、假古迹而已。此无他,不是那拨人了,也不是那码事了。

《江绍原藏近代名人手札》包括"手札留真"和"录文与注释"两部分。两相对照,似乎录文、注释以及系年,不无可议之处。譬如周作人一九二五年十一月十四日信,"你倘不很熟,当让川岛去问他一声,他当知道。""让"字原件作"托";"《大清律例》上当有关于这类案件记录,似亦可一翻。""录"字原件作"着"。俞平伯一九二八年四月三日明信片,"顷接到《发须爪》一册,谢谢。""接到"后原件有"所赠"二字。俞平伯一九二八年十一月二十四日信,

"我自己也在被拉之列,我问他'钱',他说有 cask,您来不来?""cask"原件作"cash",即现金,若"cask"(木桶)则莫名其妙矣。我说这些并非存心挑毛病,乃是强调"留真"之必要,而这正足以说明这部《手札》的特殊价值。至于错谬脱漏,倒是在所难免。王世家先生告诉我,鲁迅一九二七年七月十七日致章廷谦信,一九八一年与二〇〇五年版《鲁迅全集》有一句"这里的'北新书屋'我拟于八月中关门,因为钟敬文(鼻子傀儡)要来和我合办",查鲁迅手稿,"鼻子傀儡"乃"鼻之傀儡"之误。文献搜集,以书信为最不易,然而对了解作者生活、思想等又最重要,若写传记则是不可或缺的材料。限于条件,书信多半排印出版,其间传讹之处,他人难以发现。《江绍原藏近代名人手札》的面世,实在给我们提供了很大便利。

二〇〇七年二月十六日

《近代散文抄》之"抄"

当年清华大学学生钱锺书为沈启无编选的《近代散文抄》写书评,有云:"先讲近代,后讲散文,抄则草草了之。"现在该书重新印行,打算就其"草草了之"处略讲一二。校订者在《重印〈近代散文抄〉序》中说:"我想这个重印本,可为研究一九三〇年代的晚明小品热提供资料,本身也是一个很好的读本。"乃是站在当今立场立论。前一层自不待言;后一层却可讨论:周作人最初为《近代散文抄》作序,即是类似说法,七十多年过去,难道无所变化不成。

周作人说:"可惜明(按《近代散文抄》重印本此字作'名',兹据《苦雨斋序跋文》校正)人文集在此刻极不易得,而且说也奇怪,这些新文人的著作又多是清朝的禁书,留下来的差不多是秦火之余,更是奇货可居,不是学生之力所能收留的了。在这里,启无的这部书的确是'实为德便'。在近来两三年内启无利用北平各图书馆和私家所藏明人文集,精密选择,录成两卷,各家菁华悉萃于此,不但便于阅读,而且使难得的古籍,久湮的妙文,有一部分通行于世,寒畯亦得有共赏的机会,其功德岂浅鲜哉。"(《〈近代散文抄〉新序》)如是,好处有二,其一为"取",其二为"选"。而在当时,大概前一方面更其重要。钱锺书于"选"略作商榷,对"取"则称赞一如周氏:"对于沈先生搜辑的功夫,让我们读到许多不易见的文章,有良心的人都得感谢。"校订者钩沉出胡适、林语堂皆由此书得窥公安三袁堂奥,亦可作为例证。

《近代散文抄》实开"一九三〇年代的晚明小品热"之先,一大堆明人著作的丛书、选本跟风而生,于是"妙文"不再"久湮","古籍"亦非"难得",此书在这方面遂不能专美于前矣。以后相关古籍陆续整理,即以这里入选的明清十七位作者而言,一半以上已有重新校订的全集或别集面世。检点该书附录之《抄撮书目》,称得上"不易见"者不大多了。

时至今日,《近代散文抄》的好处,应该更在周氏所说后一方面。校订者于此多所论述,归纳为:"《近代散文抄》大抵能选出晚明小品家最有特色的文体的文章,同一文体中,又能选出其代表作。"我觉得若在两处"选出"前面添上"以自己的眼光",也许更其周全。选本问题向有争议。鲁迅说:"读者的读选本,自以为是由此得了古人文笔的精华的,殊不知却被选者缩小了眼界。"(《选本》)然而假如无力尽读全书,读者只能先从选本入手;又假如他记住鲁迅这番提醒,读选本就有收益——其实鲁迅自己后来也编选了《中国新文学大系小说二集》,他的意思无非是读书不能止于选本,尤其不能止于某一选本。这里有个例子。施蛰存继沈书之后编《晚明二十家小品》,具体人选和篇目取舍,差别非常之大。钱锺书说《近代散文抄》"选尺牍这一类的文字还嫌太少",施书中就收录很多。十年后沈启无编《大学国文》,则又专辟有"书信尺牍一类文属之"一组。说来未必"后来居上",还是各有特色罢。其实多读几种选本,也就可以避免鲁迅所说弊病。是以我很赞同校订者的话:"前述刘大杰、施蛰存和阿英的选本近来都重印了,再加上这当时影响最大的一本,也多少可以弥补一些不足。"

至于此书"可为研究一九三〇年代的晚明小品热提供资料",尤其是与周作人及其文艺思想的关系,校订者讲得相当充分,无须辞费。只有一点订正:"周著(按指《中国新文学的源流》)后面附有《沈启无选辑近代散文抄目录》,目录后有俞平伯一则简短的附记,讲明了用意:'周先生讲演集,提示吾人以精澈之理论,而沈先生《散文抄》,则供给吾人以可贵之材料，不可不兼读也。因附录沈书篇目于此.'俞平伯明确地把《近代散文抄》看作是支持周作人文艺理论的作品选，显然一般读者也是这样看的。"查《中国新文学的源流》，写这附记的是"平白"即尤炳圻，不是"平伯"。但这并不影响有关推论，《近代散文抄》的确曾与《中国新文学的源流》相辅相成。我因想到，所谓"苦雨斋四大弟子"，除了与师父来往比较密切外，乃是各有本事，才得以列名其间。沈启无正是因为编选了作用和影响都很大的《现代散文抄》，而不在乎他此外有何著述；这就好比俞平伯有《杂拌儿》、《燕知草》、《杂拌儿之二》，江绍原有《发须爪》、《英吉利谣俗》，废名有《竹林的故事》、《桃园》、《枣》、《桥》和《莫须有先生传》一样。——附带说一句，以上各书，周作人均写有序或跋。

校订者说："《近代散文抄》是以周作人的手眼来编选明清之际小品的。"这正合乎周作人为沈启无下的断语："他所弄的国文学一直没有出于我的圈子之外。"总的来讲即是如此，若论具体入选篇目，大概还是沈氏自行决定。却说周作人自己也编选过一本古代散文小品，现已亡佚。他在一九二六年说："由板桥冬心溯而上之这班明朝文人再上连东坡山谷等，似可编出一本文选，也即为散文小品的源流材料，此件事似大可以做，于教课者亦有便利。"（《与俞平伯君书三十五通》)一九四五年说："至于资料,又渐由积聚而归删汰,除重要的几个人以外,有些文章都不收入,又集中于明代,起于李卓吾,以李笠翁为殿,这一回再三斟酌,共留存了十人,文章长短七十余篇。"(《关于〈近代散文〉》)《近代散文抄》与之并不完全一致,譬如周作人最推崇的李贽,沈氏即未编入。

二〇〇六年一月二十二日

"京派"的三幅漫画像

一

多年以后,沈从文说:"实际上并没有京派。"(一九八〇年六月二十一日与金介甫的谈话)此语出诸通常被看作该派中坚,亦为这一名目的间接创造者之口,并不令人感到意外。另外一位向被列入此派的作家师陀,也说:"我不记得朱光潜、刘西渭曾讲过我属于'京派',当时在北平的作家,如冯至、吴组缃等,全不属于'京派'。"(一九八八年一月二十六日致杨义)——长期以来,"京派"既不是个好名目,也不是个准确的名目。

现在用法自然不同。在各种文学史、论著、文章,乃至选本之中,均以"京派"指当年一批作家:沈从文、朱光潜、周作人、林徽因、俞平伯、冯文炳(废名)、刘西渭(李健吾）、杨振声、凌叔华、朱自清、李长之、冯至、芦焚（师陀）、萧乾、曹禺、何其芳、李广田、卞之琳、林庚、常风等。虽然当事人所说，容有出入。前引师陀的话是一例；朱光潜则云："'京派'在'新月'时期最盛，自从诗人徐志摩死于飞机失事之后，就日渐衰落。"如此，"新月派"亦当归为"京派"。另一方面，他又说："《文学杂志》尽管是'京派'刊物，发表的稿件并不限于'京派'，有不同程度左派倾向的作家如朱自清、闻一多、冯至、李广田、何其芳、卞之琳等人也经常出现在《文学杂志》上。"（《自传》）如此，前列名单又要缩减了。

《辞海》释"文学流派"云："在一定历史时期里，对现实与文学的关系的看法或主张大致相近，艺术倾向和创作风格也相近的作家自觉或不自觉的组成。"论家竭力找出上述作家"对现实与文学的关系的看法或主张大致相近"、"艺术倾向和创作风格也相近"之处；尽管承认"作为一个文学流派，其成员的群体意识不强，他们既没有统一的、十分明确的文学口号，也没有有意识结社成派的行为与打算"。对照《辞海》的说法，这大概算是一种"不自觉的组成"罢。只是"一定历史时期"之具体起止，迄未敲定，而这就牵扯到人员构成，是以名单时见增删，较早的徐祖正、梁遇春，较晚的穆旦、汪曾祺，均在其列。

然而被列为"京派"者，既有小说家、剧作家，又有诗人、散文家，还有文学理论家和文学批评家，要指出他们"对现实与文学的关系的看法或主张大致相近"已属不易，认定他们"艺术倾向和创作风格也相近"更其困难。是以论家往往限于某一文学样式，挑出一二代表人物，总结出所谓"京派特色"。譬如前期举了废名，后期举了沈从文，以为以作者论，大约可以沈氏自称的"乡下人"概括；以作品论，大约可以"乡土文学"概括，而这正与"海派"作家之为"现代人"，多写"都市文学"形成对比。但却难以推而广之，涵盖所有"京派"作家。何况沈从文本身就对废名最具风格的《桥》和《莫须有先生传》深致不满，认为前者"实在已就显出了不康健的病的纤细的美"，后者"有作者衰老厌世意识"，"不过是一种糟蹋了作者的精力的工作罢了"（《论冯文炳》）。甚至将其与"海派"穆时英相提并论："废名后期作品，穆时英大部分作品，近于邪僻文字。虽一则属隐士风，极端吝啬文字，邻于玄虚，一则属都市趣味，无节制的浪费文字，两相比较，大有差别，若言邪僻，则二而一。"（《论穆时英》）

讲到这里，差不多要退回"实际上并没有京派"了。反正有"京派"这个名目，有一批成就或大或小的作家，其间关系却难以厘清。在我看来，最好是不管什么"京派"不"京派"，径直去读他们的作品。好在近年文献整理工作成绩卓著，就中大部分人的全集或文集均已面世。通读之后，再去考虑他们各自"对现实与文学的关系的看法"如何，"艺术倾向和创作风格"如何，进而超越具体文学样式，看看彼此是否可能存在相通之处。不过这里不是详细报告读后感的地方。且将后来论家所言"京派"搁置一旁，回头看看当初怎会生出此一名目，其间纠葛又是怎么回事。

二

一九三三年十月十八日，沈从文在《大公报·文艺副刊》发表《文学者的态度》一文，批评一些文人对于文学创作态度欠缺"认真严肃"："平常人以生活节制产生生活的艺术，他们则以放荡不羁为洒脱；平常人以游手好闲为罪过，他们则以终日闲谈为高雅；平常作家在作品成绩上努力，他们则在作品宣传上努力。这类人在上海寄生于书店、报馆，官办的杂志，在北京则寄生于大学、中学以及种种教育机关中。这类人虽附庸风雅，实际上却与平庸为缘。"所论本来不分"京"、"海"；"大学、中学以及种种教育机关"云云，更对应得上"京派"的特色之一：他们多半是北平大学里的教师和学生。

上海的苏汶(杜衡)起而反击,所作《文人在上海》一文(载一九三三年十二月《现代》月刊第四卷第二期）指责沈从文"不问一切情由而用'海派文人'这名词把所有居留在上海的文人一笔抹杀"。沈从文遂作《论"海派"》（一九三四年一月十日《大公报·文艺副刊》）和《关于海派》（一九三四年二月二十一日《大公报·文艺副刊》），进一步阐发己见。多少承袭周作人从前在《上海气》中所说："上海滩本来就是一片洋人的殖民地；那里的（姑且说）文化是买办流氓与妓女的文化，压根儿没有一点理性与风致。这个上海精神便成为一种上海气，流布到各处去，造出许多可厌的上海气的东西，文章也是其一。"然而沈氏并未自许"京派"，只讲："海派如果与我所诠释的意义相近，北方文学者用轻视忽视的态度，听任海派习气存在发展，就实在是北方文学者一宗罪过。"（《论"海派"》）

这里插说一句：正因为如此，师陀后来像沈从文一样不承认曾有"京派"存在，进而连"海派"也一并否认。有云："沈从文当初提出反对'海派'，也许是讲'海派'写作不严肃，不包括思想问题。既然如此，也就不应把'京''海'两派写进文学史，更不应编什么'京派'小说选，'海派'丛书。因为对任何作家，他本人总认为写作是严肃的。京海两派均非流派，西方文学史我知之甚少，中国文学以地方分的，似乎也仅有所谓'江西诗派'，那是它的作家所追求风格不同。"

（一九八八年六月十四日致沙汀）

回到前面的话头，当年参与"京"、"海"之争者尚有他人，特别是鲁迅。一九三四年二月三日，他在《申报·自由谈》发表《"京派"与"海派"》一文说："所谓'京派'与'海派'，本不指作者的本籍而言，所指的乃是一群人所聚的地域，故'京派'非皆北平人，'海派'亦非皆上海人。梅兰芳博士，戏中之真正京派也，而其本贯，则为吴下。但是，籍贯之都鄙，固不能定本人之功罪，居处的文陋，却也影响于作家的神情，孟子曰：'居移气，养移体'，此之谓也。北京是明清的帝都，上海乃各国之租界，帝都多官，租界多商，所以文人之在京者近官，没海者近商，近官者在使官得名，近商者在使商获利，而自己也赖以糊口。要而言之，不过'京派'是官的帮闲，'海派'则是商的帮忙而已。""京派"之说，未必由鲁迅首创；"京派"以"一群人所聚的地域"划分，具有"官的帮闲"性质，却因此一语定谳。

以后鲁迅又作《"京派"和"海派"》一文（一九三五年五月五日《太白》第二卷第四期），以"京派大师"代沈从文，以"真正老京派"代周作人，此外还有谁属于"京派"，则未列举。不过鲁迅对自己先前的说法略作修正："当初的京海之争，看作'龙虎斗'固然是错误，就是认为有一条官商之界也不免欠明白。……要而言之：今儿和前儿已不一样，京海两派中的一路,做成一碗了。"大概在他眼中,沈、周二位与"海派小丑"苏汶、"真正小海派"施蛰存及"半京半海派"林语堂,已经无甚区别。

很长一段时间,谈及"京"、"海"两派,均以鲁迅上述论断为据。前引沈从文、师陀的话,却不无抗议之意。沈从文更说:"鲁迅批判的人正是我指摘的那些人,但鲁迅批评他们,那完全合理,我指摘他们那便完全不合理。"(一九八〇年六月二十一日与金介甫的谈话)主要指对"海派"的看法而言;至于"京派",则要复杂多了。

鲁迅在《"京派"与"海派"》中讲"'京派'是官的帮闲",与现在所说"京派"作家全不搭界,就连与《"京派"和"海派"》中指定的"京派大师"和"真正老京派"也对不上号。倒是先前一篇用他的笔名发表,实际上为瞿秋白所作的《王道诗话》(一九三三年三月六日《申报·自由谈》),似乎可以用作这一考语的说明:"'人权论'是从鹦鹉开头的。据说古时候有一只高飞远走的鹦哥儿,偶然又经过自己的山林,看见那里大火,它就用翅膀蘸着些水洒在这山上;人家说它那一点水怎么救得熄这样的大火,它说:'我总算在这里住过的,现在不得不尽点儿心。'(事出《栎园书影》,见胡适《人权论集》序所引。)鹦鹉会救火,人权可以粉饰一下反动的统治。这是不会没有报酬的。……中国的帮忙文人，总有这一套秘诀，说什么王道，仁政。你看孟夫子多么幽默，他教你离得杀猪的地方远远的，嘴里吃得着肉，心里还保持着不忍人之心，又有了仁义道德的名目。不但骗人，还骗了自己，真所谓心安理得，实惠无穷。"只是鲁迅把"帮忙"改派给"海派"，"京派"则换成"帮闲"了。——显而易见，鲁迅所谓"京派"包括胡适和其他《独立评论》作者在内，否则有关论断就要落空。至于论断确当与否，则是别一问题，姑置勿论。无论如何，这与沈从文讲的"文学者"，与"海派"文人所反击的"京派"，没有多大关系。

鲁迅还有一篇《言论自由的界限》（一九三三年四月二十二日《申报·自由谈》），"焦大实在是贾府的屈原"一语即出此中，所说："三年前的新月社诸君子，不幸和焦大有了相类的境遇。他们引经据典，对于党国有了一点微词，虽然引的大抵是英国经典，但何尝有丝毫不利于党国的恶意，不过说：'老爷，人家的衣服多么干净，您老人家的可有些儿脏，应该洗它一洗'罢了。不料'荃不察余之中情兮'，来了一嘴的马粪：国报同声致讨，连《新月》杂志也遭殃。但新月社究竟是文人学士的团体，这时就也来了一大堆引据三民主义，辨明心迹的'离骚经'。现在好了，吐出马粪，换塞甜头，有的顾问，有的教授，有的秘书，有的大学院长，言论自由，《新月》也满是所谓'为文艺的文艺'了。"似乎也与"官的帮闲"

相符。而这又恰与后来朱光潜的说法对上号了。

三

鲁迅在《"京派"与"海派"》中，另有一番话说："而北京学界，前此固亦有其光荣，这就是五四运动的策动。现在虽然还有历史上的光辉，但当时的战士，却'功成，名遂，身退'者有之，'身稳'者有之，'身升'者更有之，好好的一场恶斗，几乎令人有'若要官，杀人放火受招安'之感。"这使人联想到此前他在《〈自选集〉自序》中所说："后来《新青年》的团体散掉了，有的高升，有的退隐，有的前进，我又经验了一回同一战阵中的伙伴还是会这么变化，……"以及此后在《忆刘半农君》中所说："近几年，半农渐渐的据了要津，我也渐渐的更将他忘却，……"显然"京派"也指过去"北京学界"他的一帮"伙伴"，如刘半农、钱玄同等，还有胡适，——"官的帮闲"与"京派"，就此搭上边儿了。

前引《"京派"与"海派"》的话中，隐约可见另一个人的影子，即周作人，虽然他只能算是界乎"身稳"与"身退"之间。鲁迅对于"京派"的批判，其实是对于周作人及"小品文"的系列批判的一个环节。只是始终未提周作人的名字；讲得最明白的，只有《"京派"和"海派"》中"真正老京派"那一回。

周氏兄弟一九二三年失和；其后一段时间，却仍然并肩作战，在女师大事件以及与陈源的论战中均如此，直到一九二八年一并受到创造社、太阳社"革命文学家"的批判。此后鲁迅通过翻译出版片上伸《现代新兴文学的诸问题》，卢那察尔斯基《艺术论》、《文艺与批评》，普列汉诺夫《艺术论》，以及《文艺政策》等，转向左翼文学或革命文学，并成为其领袖；周作人则坚持一贯的个人主义和自由主义立场。"京"、"海"之争，不无二人暗自较量之意。

有关"革命文学"的论争之后，周作人概括自己的看法："文学是不革命，然而原来是反抗的。"（《〈燕知草〉跋》）此种"反抗"是个人的，而不是集体的；是独立的，而不是附庸的。周作人认定现代散文——也就是他过去倡导的"美文"——可以承担这一使命，而且自有渊源，即"与明代的新文学家的意思相差不远"（《〈杂拌儿〉跋》）。下一阶段他的思想，至此已见端倪。继而他借用"诗言志"与"文以载道"概括文学上的两种潮流（《金鱼》），以"言志"承袭"反抗"，并上溯到明末的公安派和竟陵派；"载道"则指与之对立的一切，包括"革命"与"反革命"在内。"言志"所涵盖的并不止是周作人自己的写作。此时在他周围，已经聚集了志趣相当的一群人，包括同辈的钱玄同、刘半农、张凤举、徐祖正，日后被称为"苦雨斋四大弟子"的俞平伯、江绍原、废名和沈启无,以及梁遇春等。一九三〇年五月十二日,废名和冯至合编的《骆驼草》周刊问世。发刊词所言"不谈国事"、"不为无益之事",以及"文艺方面,思想方面,或而至于讲闲话,玩古董,都是料不到的,笑骂由你笑骂,好文章我自为之,不好亦知其丑,如斯而已,如斯而已",深受周作人的影响。周作人、徐祖正、俞平伯、废名、沈启无、梁遇春、冯至等,是该刊的主要作者。论家后来将其中不少位划归"京派"。

自一九二八年末以来,周作人的创作陷入低潮,惟《骆驼草》出刊的半年期间写作较多。他提出:"小品文是文学发达的极致,它的兴盛必须在王纲解纽的时代。"(《〈冰雪小品选〉序》)过去所说"美文",至此已为"小品文"所替代;后者涵盖了前者的文体特色,而更强调其渊源性和反抗性。周作人为自己以及志同道合者找到一块立足之地,武器是"小品文",旗帜是"言志",以与一切"载道派"相抗衡。一九三二年春,周作人应邀在辅仁大学做系列讲演,上述思想得到更系统的阐释,后整理成《中国新文学的源流》出版。此书影响很大,乃至引发"晚明小品热",一时选编、翻印成风,尽管只是揭示"中国新文学的源流"的余绪,却有反客为主之势。

周作人一九三三年九月十日日记云:"四时往达子营

三九,应沈君茶话之约,谈《大公报·文艺副刊》作文事,七时回家。""沈君"即沈从文,主编的《大公报·文艺副刊》第一期于九月二十三日面世。一九三五年九月一日,由萧乾接任主编,将《文艺副刊》与《小公园》合并为《大公报·文艺》。一九三七年五月一日,朱光潜主编的《文学杂志》月刊创刊;八月一日,第四期出版后休刊。以后朱光潜说:"他编《大公报·文艺副刊》,我编商务印书馆的《文学杂志》,把北京的一些文人纠集在一起,占据了这两个文艺阵地,因此博得了所谓'京派文人'的称呼。"(《从沈从文先生的人格看他的文艺风格》)

周作人是《大公报·文艺副刊》的主要作者之一,他也藉为这副刊撰稿,重新进入创作高潮,《夜读抄》、《苦茶随笔》、《苦竹杂记》、《风雨谈》、《瓜豆集》、《秉烛谈》、《秉烛后谈》等集子,均写于此后四年间。沈从文与其他作者,如朱光潜、林徽因、杨振声、李健吾、朱自清等,都和周作人一样自外于左翼文学或革命文学;周作人的上述思想,或许在他们那儿得到共鸣。从某种意义上讲,这批人的所作所为,合乎"文学是不革命,然而原来是反抗的",或"言志而不载道"。周作人因此也就被看作"京派"的精神领袖,有"北方文坛盟主"之称。——话说至此,可以总结一句:鲁迅所谓"'京派'是官的帮闲",乃是针对中国思想界和文学界所有自由主义者而言。确当与否，同样姑置勿论。虽然除了周作人，别的作家并不标榜"言志"，所写也不以"小品文"为主。而沈从文在批评废名《莫须有先生传》"趣味的恶化"时，直接溯源于周作人——"在文章方面，冯文炳君作品所显现的趣味，是周先生的趣味。"其大为反对的文人态度欠缺"认真严肃"，同样针对"文学的趣味自由主义"，所举代表，"在散文中有周作人俞平伯等的写作。"（《论冯文炳》）沈从文讲"鲁迅批评的人正是我指摘的那些人"，应该也包含这层意思。

四

一九三三年，"轰的一声，天下无不幽默和小品。"（鲁迅：《一思而行》）这与周作人的言论有些关系，但并不完全相关。如前所述，周氏标举"小品文"，与其说提倡一种文学样式，不如说强调个人的反抗精神，尽管他自己被誉为"小品散文之王"；至于林语堂等津津乐道的"幽默"，周作人不以为然。在所编《苦茶庵笑话选》的序中说："中国现时似乎盛行'幽默'，这不是什么吉兆。帝俄时代一个文人说，讽刺是奴隶的言语，这话很有意思。乡民相遇，说某人'伽蓝菩'了，虽与当铺的伙计酒醉饭饱将头比屁股仿佛相似，实际上却有一个暗黑的背景。让人民去谈论，发泄他们的鸟气，无论是真的苦痛或是假的牢骚，这倒是一种太平气象罢。"但是文坛似乎无意对此细加甄别。

一九三三年十月，鲁迅在《现代》第三卷第六期发表《小品文的危机》一文。有云："'小摆设'当然不会有大发展。到五四运动的时候，才又来了一个展开，散文小品的成功，几乎在小说戏曲和诗歌之上。这之中，自然含着挣扎和战斗，但因为常常取法于英国随笔（Essay），所以也带一点幽默和雍容；写法也有漂亮和缜密的，这是为了对于旧文学的示威，在表示旧文学之自以为特长者，白话文学也并非做不到。以后的路，本来明明是更分明的挣扎和战斗，因为这原是萌芽于'文学革命'以至'思想革命'的。但现在的趋势，却在特别提倡那和旧文章相合之点，雍容，漂亮，缜密，就是要它成为'小摆设'，供雅人的摩挲，并且想青年摩挲了这'小摆设'，由粗暴而变为风雅了。"似乎与《"京派"与"海派"》讲的是一回事，不过一以文论，一以人论而已。虽未提及周作人的名字，却可理解是对其十余年来思想与作品发展变化的总结。

鲁迅后来所作《隐士》一文（载一九三五年二月二十日《太白》第一卷第十一期），是对"'京派'是官的帮闲"一说的进一步发挥："登仕，是啖饭之道，归隐，也是啖饭之道。假使无法啖饭，那就连'隐'也隐不成了。'飞去飞来'，正是因为要'隐'，也就是因为要啖饭；肩出'隐士'的招牌来，挂在'城市山林'里，这就正是所谓'隐'，也就是啖饭之道。帮闲们或开锣，或喝道，那是因为自己还不配'隐'，所以只好揩一点'隐'油，其实也还不外乎啖饭之道。"特别针对"隐士"，似乎已与前此多所攻讦的胡适等无关，而把矛头对准"京兆布衣"周作人了。下面这番话，论家多引用来评价周作人："虽'隐'，也仍然要啖饭，所以招牌还是要油漆，要保护的。泰山崩，黄河溢，隐士们目无见，耳无闻，但苟有议及自己们或他的一伙的，则虽千里之外，半句之微，他便耳聪目明，奋袂而起，好像事件之大，远胜于宇宙之灭亡者，也就为了这缘故。"而鲁迅称周氏为"真正老京派"，便在此后不久。

一九三四年四月五日，林语堂主编的《人间世》问世。创刊号卷首登出"知堂先生近影"和周作人的《五秩自寿诗》，被鲁迅说成"京派开路的期刊"。此期及随后两期，还有沈尹默、刘半农、林语堂、蔡元培、沈兼士和钱玄同的唱和之作。左翼文人奋起批判。先是埜容（廖沫沙）作《人间何世？》（一九三四年四月十四日《申报·自由谈》），指责周氏"自甘凉血"、"误尽苍生"；继而胡风又作《过去的幽灵》（一九三四年四月十六、十七日《申报·自由谈》），有云："周先生现在自己所谈的鬼，听人家谈的鬼，是不是当年他翻译的时候叫我们防备的幽灵呢？昔日热烈地叫人防备，现在却促膝而谈之，不晓得是鬼们昔日虽然可恶而现在可爱起来了呢，还是因为昔日虽然像现在的批评家似的'浮躁'，而现在的八道湾居士却功成圆满，就是对于小鬼也一视同仁了？"其后许杰写《周作人论》（一九三四年七月一日《文学》第三卷第一期），看法如出一辙。这与"京"、"海"之争属于同一范畴。各位所论，其实都本诸鲁迅《小品文的危机》与《"京派"与"海派"》。虽然鲁迅私下对此稍有异议："周作人自寿诗，诚有讽世之意，然此种微辞，已为今之青年所不憭，群公相和，则多近于肉麻，于是火上添油，遂成众矢之的，而不作此等攻击文字，此外近日亦无可言。此亦'古已有之'，文人美女，必负亡国之责，近似亦有人觉国之将亡，已在卸责于清流或舆论矣。"（一九三四年四月三十日致曹聚仁）。此言公布于世，已在其逝世以后。周作人在《重刊袁中郎集序》中讲的，却与鲁迅之意暗合："国家之治乱兴亡自当责有攸归，兹不具论，如音之为乱世或亡国，则固有乱世或亡国的背景造成之，其或怨怒或哀思的被动的发音者应无庸议。"（一九三四年十一月十七日《大公报·文艺副刊》）。

巴金以短篇小说《沉落》（载一九三四年十一月一日《文学》第三卷第五期）参与了"京"、"海"之争。所塑造的那个"他","整天躲在房间里,谈着几百年前的事情怎样怎样,相信着一切存在的东西,愿意听凭命运摆布,不肯去改变生活",即以周作人为"原型"。小说这样描写"他"的形象:"一个圆圆的光头,一副宽边的大眼镜,一嘴的小胡子,除了得意和满足外就没有表情的鸭蛋形的脸。"并说:"他读过那么多的书,而我所读过的连他的藏书的十分之一也不到,其实恐怕还只有百分之一!……我很奇怪他这个瘦小的身体怎么装得下那么多的书。"据作者讲:"《沉落》所攻击的是一种倾向,一种风气:这风气,这倾向正是把我们民族推到深渊里去的努力之一。"这涉及对周作人三十年代创作与思想的总体评价;如前所述,对此持否定意见者,不仅有鲁迅等左翼文人,还有沈从文。将近十年后,胡兰成也提出"希望周作人的时代过去":"我是更喜欢他在五四运动到北伐前夕那种谈龙谈虎,令人色变的文字的,后期的文字呢,仿佛秋天,虽有妍思,不掩萧瑟。"(《周作人与路易士》)。

巴金与周作人确曾有所接触,见周氏一九三三年十一月九日日记:"章靳以、巴金二君来访。"十一月二十六日:"午往丰泽园,应《大公·文副》招,来者金甫、从文、平伯、佩弦、西谛、健吾、巴金、梁思成君夫妇等。"一九三四年一月二十一日:"往丰泽园《文艺副刊》之会,来者适之、一多、思成、今甫、平伯、佩弦、公超、上沅、苇甘、饶子篱君、从文夫人等多人。"然而巴金对周作人的了解相当有限。譬如让"他"说:"勿抗恶,一切存在的东西都有它存在的理由。'满洲国'也是这样。所谓恶有时也是不可避免的,过了那个时候它就会自己消灭了。你要抗恶,只是浪费你的时间。你应该做点实在的事情,老是空口嚷着反抗,全没有用,而且这不是你的本分。你们年轻人太轻浮了。真是没有办法。"其实周作人从前在北京大学讲《近代欧洲文学史》时,已经说过:"盖 Tolstoy 诏人以不抵抗,亦并谕人以不服从。人唯当服从其良知,外此更无权威,得相命令。世间最恶,实唯强暴。人以强暴相加,于己虽不利,而若以强暴相抗,则以暴敌暴,恶将更滋,故当无抵抗。逮人或迫我以强暴加诸人,则宁忍受其咎,而勿更助长其恶,故复取不服从也。"而当沈从文责以"写文章难道是为着泄气"时,巴金回答:"老实说我写文章,没有一次不是为着泄气。"不妨将其看作是关于周作人乃至整个"京派"的一幅漫画像罢。

五

假如真有"京派"的话,沈从文和朱光潜堪称核心人物,所编《大公报·文艺》和《文学杂志》既为主要阵地,他们还是一系列聚会的招集者。"京派""没有有意识结社成派的行为与打算",论家往往视聚会为其联系或存在的方式之一。沈从文差不多每月邀请作者聚餐一次;至于朱光潜,则如卞之琳所说:"他家不记得从什么时候起逐渐成了北平文艺小圈子中的一个无形的'沙龙'。"(《追忆邵洵美和一场文艺小论争》)

这里还要提到林徽因。她的"本功"是建筑学家,卓有成就;从事文学活动属于"玩票",所写诗、小说、散文、剧本,数量不多,却尽是精品。林徽因也是"京派"的核心人物。一九三六年底,《大公报》举办"文艺奖金"评选,她与杨振声、朱自清、朱光潜、李健吾、凌叔华、沈从文等担任评委,选中的是何其芳的散文集《画梦录》、曹禺的剧本《日出》和芦焚的小说集《谷》。《画梦录》获奖,据说正是林徽因推荐与游说的结果。与此同时,她还受邀编选了一本《大公报文艺丛刊小说选》,由上海良友图书公司出版。入选者之一是崭露头角的季康(杨绛)。林徽因所撰题记有云:"作品最主要处是诚实。诚实的重要还在题材的新鲜,结构的完整,文字的流丽之上。即是作品需诚实于作者客观所明了,主观所体验的生活。"沈从文从前强调"认真严肃",她似乎意在将其落到实处。《文学杂志》创刊,林徽因又与杨振声、沈从文、周作人、俞平伯、朱自清、朱光潜等一起列名编委。

林徽因更著名的是她的"沙龙"。一九三三年九月二十七日至十月二十五日,冰心在《大公报·文艺副刊》连载短篇小说《我们太太的客厅》,据说所写即是就中情景。有云:"我们的太太自己以为,她的客人们也以为她是当时当地的一个'沙龙'的主人。当时当地的艺术家,诗人,以及一切人等,每逢清闲的下午,想喝一杯浓茶,或咖啡,想抽几根好烟,想坐坐温软的沙发,想见见朋友,想有一个明眸皓齿能说会道的人儿,陪着他们谈笑,便不须思索的拿起帽子和手杖,走路或坐车,把自己送到我们太太的客厅里来。"来客有一位科学家陶先生,一位画家兼诗人袁小姐,一位诗人,一位文学教授,一位哲学家,一位政治学者,一位美国的艺术家兼风流寡妇柯露西,一位周大夫,主人则还有"我们的先生"。或许各有影射对象,其中爱慕"我们的太太"的诗人,"白袷临风,天然瘦削","他的头发光溜溜的两边平分着,白净的脸,高高的鼻子,薄薄的嘴唇,态度潇洒,顾盼含情,是天生的一个'女人的男子'",很像是徐志摩。至于后文,李健吾在《林徽因》一文中说:"我记起她亲口讲起的一个得意的趣事。冰心写了一篇小说《太太的客厅》讽刺她,因为每星期六下午,便有若干朋友以她为中心谈论时代应有的种种现象和问题。她恰好由山西调查庙宇回北平,她带了一坛又陈又香的山西醋,立时叫人送给冰心吃用。"

十多年后,钱锺书又写了短篇小说《猫》(一九四六年一月十日《文艺复兴》第一卷第一期),几乎是把冰心曾经挖苦过的事情照样挖苦一遍。《我们太太的客厅》和《猫》,算得上是另两幅关于"京派"的漫画像;与其说从中看林徽因等,不如说得以获知两位作者的某种态度。钱氏笔下,"在一切有名的太太里,她长相最好看,她为人最风流豪爽,她客厅的陈设最讲究,她请客的次数最多,请客的菜和茶点最精致丰富,她的交游最广。并且,她的丈夫最驯良,最不碍事。假使我们在这些才具之外,更申明她住在战前的北平,你马上获得结论:她是全世界文明顶古的国家里第一位高雅华贵的太太。"这位"我们的太太"的丈夫叫李建侯。至于"沙龙",则云:"她并不是卖弄才情的女人,只爱操纵这许多朋友,好像变戏法的人,有本领或抛或接,两手同时分顾到七八个在空中的碟子。颐谷私下奇怪,何以来的人都是近四十岁、久已成名的人。他不了解这些有身家名望的中年人到李太太家来,是他们现在惟一经济保险的浪漫关系,不会出乱子,不会闹笑话,不要花钱,而获得精神上的休假,有了逃避家庭的俱乐部。建侯并不对他们猜忌,可是他们彼此吃醋得利害,只肯在一点上通力合作:李太太对某一个新相识感到兴趣,他们异口同声讲些巧妙中听的坏话。他们对外卖弄和李家的交情,同时不许任何外人轻易进李家的交情圈子。这样,李太太愈可望而不可即了。事实上,他们并不是李太太的朋友,只能算李太太的习惯,相与了五六年,知己知彼,呼唤得动,掌握得住,她也懒得费心机更培养新习惯。"小说写了十来位客人,影射更其露骨,譬如"曹世昌"是沈从文,"傅聚卿"是朱光潜,"陆伯麟"是周作人,诸如此类。——这回未见林徽因有所反应,或许觉得无非显露聪明,不必理会。

六

这里讲的,都是有关"京派"的话;这些话,连同"京派"这个名目,归根到底无关紧要。重要的是作家的作品。假如以沈从文接办《大公报·文艺副刊》为上限,以抗战爆发,《文学杂志》休刊为下限,短短四年间,周作人的《夜读抄》(一九三四)、沈从文的《边城》(一九三四)、朱光潜的《文艺心理学》(一九三六)、李健吾的《咀华集》(一九三六)、曹禺的《日出》(一九三六)和何其芳的《画梦录》(一九三六)等,洵为经典之作。

二〇〇七年一月三日

关于郑振铎

在与郑振铎辈分相当地位又大致接近的那批作家中,他是仍与我们关系较多的一位。相比之下,有些当年很响亮的名字,现在只在文学史中才被提到。诗歌当行时,我们看郑译泰戈尔《新月集》和《飞鸟集》;图文书时兴时,他的《插图本中国文学史》被不止一次翻印;"书话"走运时,后人所编《西谛书话》也成了范本之一。这未必是多大的缘分,却颇为持久。

郑振铎是文化名人,有关他的生平,网上可查,无须辞费。他有多种头衔,诸如作家、翻译家、文学评论家、文学史家、藏书家、目录学家、大学教授、杂志主编,乃至政府官员等。假如要举出其一生事业中最要紧者,依我之见,恐怕还是一般介绍文章虽然总要提及,却非拥有上述各种头衔就能做到的那一件："抗日战争前夕,他留在上海,组织文献保存同志会,四处奔走,为国家抢救了大批珍贵文献。"就中即包括《脉望馆钞校本古今杂剧》。此诚为中国文化史上一桩壮举,一项伟业。郑氏他种作为,虽亦不凡,别人却也做得;惟有此事,他若不做,就没人能做了,或者没机会做了。此中详情,郑氏自己多有记述,这里不赘言。

郑振铎一生著述,我觉得也数《求书日录》、《劫中得书记》、《劫中得书续记》等最有意思。虽然在他,此类之作仅为上面所说的余绪而已。这路文字一般归于"书话"。"书话"是很晚才有的名目,虽然可以上溯到黄丕烈《士礼居藏书题跋记》,抑或更早。说来概念、范围都有待厘清,光靠唐弢所谓"一点事实,一点掌故,一点观点,一点抒情的气息"还不足以界定。这大概可以分成两路,其一为读书记,其一为得书记,对照黄丕烈等所作,则前者是"变格",后者是"本格"。以二十世纪几位"书话"大家而论,周作人的《药堂语录》、《书房一角》,乃至后人编进《知堂书话》的许多文章,大多系读书记,见识之高,同时或后来作者实难望其项背;郑振铎、唐弢、黄裳等,则是得书记比读书记写得好。唐文中和,黄文恬淡,郑文不免稍显激越,若作他种文章或为一病,《求书日录》、《劫中得书记》、《劫中得书续记》等却系以非常之笔,记非常之事,是以堪称相得益彰。

我尝谓书话尤其是得书记一体，至郑、唐、黄大致告一段落，因为后人不再有他们那个"得"的际遇了。我辈太平日子里搜罗几本书，岂能与郑氏笔下所载相比，所以这文章是没法写了。

郑振铎抢救文献之举，固与其个人爱好相关，即如《〈清代文集目录〉跋》所说："余素志恬淡，于人世间名利，视之蔑如。独于书，则每具患得患失之心。得之，往往大喜数日，如大将之克名城。失之，则每形之梦寐，耿耿不忘者数月数年。"此中眼界、心胸，又非寻常爱书人所有。不过《〈劫中得书记〉序》说："夫保存国家征献，民族文化，其辛苦固未足埒攻坚陷阵，舍生卫国之男儿，然以余之孤军与诸贾竞，得此千百种书，诚亦艰苦备尝矣。"《求书日录》说："说是'抢救'，那并不是虚假的话。如果不是为了'抢救'，在这国家存亡危急的时候，我们如何能够再向国家要求分出一部分——虽然是极小的一部分——作战的力量来作此'不急之务'呢？"似乎别有感慨。盖郑氏所为，当时并未获得一致理解。如叶圣陶在私人通信中说："铎兄代购之元曲，中间有无出色之作？教部居然有此闲钱，亦殊可异。现在只要看到难民之流离颠沛，战地之伤残破坏，则那些古董实在毫无出钱保存之理由，我们即没有一只夏鼎商彝，没有一本宋元精椠，只要大家争气,仍不失为大中华民族也。以教部而为此,亦不知大体之一征矣。"(一九三八年七月二日致黄裳,见黄著《书之归去来·故人书简——叶圣陶》)所云"代购之元曲",即《脉望馆钞校本古今杂剧》。巴金更曾公开予以批评。——多年以后,他在《怀念振铎》一文中说:"敌人的枪刺越来越近了,我认为不能抱着古书保护自己,即使是稀世瑰宝,在必要的时候也不惜让它与敌人同归于尽。当时是我想得太简单了,缺乏冷静的思考。"国破家亡之际,两位有此想法不足为奇,亦无可非议。然而时过境迁,我们终于明白:文化之劫比政治之劫、经济之劫更难恢复;甚至要说,政治容或转而清明,经济可能重新振兴,文化的损失则无以弥补。"夏鼎商彝"、"宋元精椠"、"稀世瑰宝",没有就没有了。自秦火直至四十年前一番浩劫,概莫能外。我读《史记》,见《儒林列传》所云:"秦时焚书,伏生壁藏之。其后兵大起,流亡,汉定,伏生求其书,亡数十篇,独得二十九篇,即以教于齐鲁之间。"每每感动不已。今思郑公亦差可比拟。只恨古往今来,中国文化劫难太多,而此等人物太少也。《怀念振铎》系巴金未竟之作,其中又说:"我批评他'抢救'古书,批评他保存国宝,我当时并不理解他,直到后来我看见他保存下来的一本本珍贵图书,我听见关于他过着类似小商人生活,在最艰难、最黑暗的日子里,用种种办法保存善本图书的故事,我才了解他那番苦心。我承认我不会做他那种事情,但是我把他花费苦心收集起来、翻印出来的一套一套的线装书送给欧洲国家文化机构时,我又带着自豪的感情想起了振铎。"这当然是后话,然而我们于此更无别的可说了。

郑振铎另有一文,不妨顺便一提,即一九四六年一月十二日上海《周报》所载《惜周作人》。上来就说:"在抗战的整整十四个年头里,中国文艺界最大的损失是周作人附逆。"归结为:"即在今日,我们不单悼惜他,还应该爱惜他!"具体言之,则是:"我们总想能够保全他。即在他被捕之后,我们几个朋友谈起,还想用一个特别的办法,囚禁着他,但使他工作着,从事于翻译希腊文学什么的。"其时周氏系狱不久,此论岂止"不合时宜",简直"冒天下之大不韪"。我想郑氏之用心,正与为国家抢救《脉望馆钞校本古今杂剧》等相同。及至周作人出狱,客居上海,成《希腊女诗人萨波》一书,是为晚年众多著译之第一种。"书编成后将原稿托付康嗣群君,经他转交给上海出版公司,后来郑西谛君知道了,他竭力怂恿公司的老板付印,并且将它收入他所主编的'文艺复兴丛书'里边。"(《知堂回想录·我的工作一》)对此周氏有言:"古来有句话,索解人难得,若是西谛可以算是一个解人,但是现在可是已经不可再得了。"我们对于郑振铎,也应该于"文化名人"之外,再给加个"文化解人",——老实说,担得起这个名号的人并不算多。

二〇〇七年二月四日

又谈张中行

我还记得当初读到张中行的《负暄琐话》和《负暄续话》时那种兴奋心情。此前多年不曾这样，此后也是如此——说老实话，包括读他后来各种著作在内。我过去把张中行的书分作三类，一类是讲人或事的，以上述两种为代表；一类是论道的，以《顺生论》为代表；还有一类是介绍知识的，以《禅外说禅》为代表。如果让我排一个队，心中的高下便正好是这一二三的次序。至于他在《流年碎影》中自嘲为"选来选去"者则不在此列。现在还是这般看法。

张中行的文章属于五四之后中国散文的一路；讲得确切一点，张中行等人在上一世纪八九十年代复兴了中国散文的某种传统。《负暄琐话》和《负暄续话》最初是由外地某社印行，装帧欠佳，印数无多。大概无论出版者还是读者，一时都难以把握——借用前人一句话,它们"是那样的旧又是这样的新"。较之此前看惯了的东西,的确很是新鲜。其实这一传统早已存在,不过在大家眼里黯淡已久,几乎不知道了。

张中行所承继的散文传统,前人称为"言志",与"载道"相对;两个词儿分别取自"诗言志"和"文以载道","诗"与"文"本有区别,"志"与"道"更待厘清,不免有些夹缠,所以后来干脆说:"言他人之志即是载道,载自己的道亦是言志。"我自己曾想,换成"率性"和"听命",或许更恰切些。前人提起这个话题,是讲"中国新文学的源流";而"言志"这一"流"久矣夫断断续续,隐没不彰了。张中行是老北大出身,亲承前辈大师謦欬,以后多年却不事写作;但传统在他身上活着,一俟执笔,立即显现出来。而且这路文章本来讲究沉稳平和,老年为之,正是合宜;他又有阅历与感受值得一写,于是乎名满天下。然而自始至终,他只是"率性",不曾"听命";或者说,他只"载自己的道",不"言他人之志"。在这点上,与许多同辈甚至晚辈的人判然有别。

上面提到,张中行等复兴了一个散文传统,但是他与别人又颇不一样。我想举出一位,即比张中行登场稍早,著有《干校六记》、《回忆我的父亲》和《回忆我的姑母》的杨绛。之所以如此,因为杨绛的文章同样"率性"而不"听命";就复兴这一传统而言,当年没有比他们两位影响更大的了。

不论彼此高下,毕竟大相径庭。如果说杨绛属于这一传统中偏"洋"的一脉,张中行所承继的就是偏"土"的一脉;更确切地讲,其间有个"贵族化"与"平民化"的区别。区别不在见识,在于所处立场,以及行文风格。以后两方面而论,张中行更像一个普通老百姓,虽然他可能比我们高明。

不妨回过头去考察一番。先说"洋"与"土"。曾有人批评林语堂的幽默带牛油味,无疑是"洋"了;还应该提到梁遇春,可能更其纯粹。杨绛与他们都不相同,好像更接近于叶公超。可是"土"呢,我就没想到有谁可以如此形容。再说"贵族化"与"平民化"。上述各位之外,周作人,梁实秋,废名,台静农,钱锺书,张爱玲,也都不能一口咬定是"平民化"。说来在这一传统之中,"洋"与"贵族化"倒是正宗,虽然诸家于"土"与"平民化"或多或少要沾一点边儿。这样来看张中行,就知道他的贡献所在了,他是把"言志"一派文章中的"土"与"平民化"发挥到了极致。

我这说法,有人或难以苟同。形容张中行比较稳妥的话,相对于"洋",似乎应该说"中";相对于"贵族化",似乎应该说"士大夫气";此外也许还要添上一个"老"字。但我还是觉得,假如说"中",他不是身居高位的"中",或应运而生的"中";假如说"士大夫气",他是不离乡壤间的士大夫。至于说张中行不"洋",不"贵族化",有人也会持异议。因为第一，他是受过西方哲学熏陶的，单就思想来说，其所获益于西方文明者，其实较之本土更多。但我所谓"土"与这无关，我指的是他以什么气分儿来接受这一切，表述这一切。再者，张中行对许多事情的见解与大众并不一致，他是理智的，宽容的。但我所谓"平民化"也与这无关，我是说他总保持着底层姿态，真能体会"食无求饱"、"伤哉贫也"。我曾举出《论语·雍也》的一节："子曰：'贤哉，回也。一箪食，一瓢饮，在陋巷，人不堪其忧，回也不改其乐。贤哉，回也。'"以为张中行的气象，与此约略相仿。他执着于现代文明的精神，却无意于现代文明的物质。

张中行的文章留给我印象最深的是在两方面：其一是他笔下旧日北京大学的生活，尤其是讲到的各位师尊；其一是他所描写的那些名不见经传的小人物。说是小人物，只是人微言轻而已，绝不猥琐低俗；不过他也不把他们拔高。我想他是以此自况。

二〇〇六年二月二十六日

张爱玲的《色,戒》

我想谈的是张爱玲的,而不是李安的《色,戒》。电影尚未公映,我本不期待它与原著一模一样,无须如此,有时大概亦无力如此。可以举两个例子。一是在首饰店里,王佳芝看见给她买钻戒的易先生脸上"是一种温柔怜惜的神气",她突然想"这个人是真爱我的",于是说"快走"。暗杀行动遂告失败。这个心理活动太重要了,可以说是整篇小说情节与人物命运的转折点。我不知道电影如何表现。王佳芝有此想法,既属偶然,又是必然,末一层尤其难以像张爱玲交代得那么令人信服。再就是王佳芝的结局。小说写道:"他一脱险马上一个电话打去,把那一带都封锁起来,一网打尽,不到晚上十点钟统统枪毙了。"然后说:"她临终一定恨他。"女主人公就在这"统统枪毙"之列,被轻而易举地抹掉了。

这一笔实在太厉害，我不知道电影如何处理。

我曾经说，张爱玲笔下存在着两个视点，一是人间视点；一是在此之上，俯看整个人间的视点。从前者出发，人物自有其人生的愿望与体验；从后者出发，这些愿望与体验是何其微不足道。这在《色，戒》中得到最充分的体现——从某种意义上讲，小说标题中的"色"和"戒"，分别对应着上述两种视点。我不知道别人——包括李安在内——是否接受得了同时拥有两个视点，而且将二者都发挥到极致的张爱玲。而在张爱玲，正是相得益彰。

《色，戒》是张爱玲描写人的情感——不仅仅是爱情——最复杂、最深刻的一篇小说，不易理解，甚至常被误解。不妨将其置于张爱玲作品的序列之中去看。从前我说，假如"张爱玲文学"里有个"张爱玲哲学"的话，概括起来就是《倾城之恋》里所说："在这动荡的世界里，钱财，地产，天长地久的一切，全不可靠了。靠得住的只有她腔子里的这口气，还有睡在她身边的这个人。"而《留情》与《倾城之恋》相比，似乎对这世界所要求的更少，也更实在："生在这世上，没有一样感情不是千疮百孔的，然而敦凤与米先生在回家的路上还是相爱着。"现在王佳芝想"这个人是真爱我的"，同时说"此刻她再也不会想到她爱不爱他"，其实是再退一步。接下来的《同学少年都不贱》中，赵珏念兹在兹的只是："甘迺迪（肯尼迪）死了。我还活着，即使不过在洗碗。"在张爱玲看来，归根结底，人所需要的只是活着的一个支点而已。

关于《色，戒》，张爱玲写过一篇《羊毛出在羊身上》，谈到王佳芝只是"业余的特工"，"我写的不是这些受过专门训练的特工，当然有人性，也有正常的人性的弱点。"她笔下人物的人生愿望与体验，统可归于"正常的人性的弱点"。

王佳芝死后，易先生的想法竟然与她如出一辙："她还是真爱他的，是他生平第一个红粉知己。想不到中年以后还有这番遇合。"张爱玲说："这是枪毙了她以后，终于可以让他尽量'自我陶醉'了。"然而我们未始不可将此也理解为《倾城之恋》所说"他们把彼此看得透明透亮，仅仅是一刹那的彻底的谅解"。不过在那里，"这一刹那够他们在一起和谐地活个十年八年"；现在则是阴阳相隔了。至于易先生接下去想："得一知己，死而无憾。他觉得她的影子会永远依傍他，安慰他。虽然她恨他，她最后对他的感情强烈到是什么感情都不相干了，只是有感情。他们是原始的猎人与猎物的关系，虎与伥的关系，最终极的占有。她这才生是他的人，死是他的鬼。"一方面如张爱玲自己所说"令人毛骨悚然"，我读了也觉得有种狞厉之美；另一方面仍然可与《倾城之恋》中白流苏与范柳原、《留情》中淳于敦凤与米晶尧那种彼此依存的关系相提并论，只是站在张爱玲的立场看，再退一步而已。

《色，戒》取材与张爱玲其他小说有别，因此往往被看作她的另类作品；由于故事发生在日据上海，男主人公是汉奸，女主人公想"这个人是真爱我的"，又被附会成张爱玲自己与胡兰成的关系的写照，乃至她的"自传"。其实王佳芝并不比张爱玲笔下别的女主人公更像作者，易先生则与胡兰成毫不相干。以索隐派的眼光看《色，戒》，只怕又是一番误会了。

二〇〇七年九月十五日

[补记] 后来接受一位朋友采访，又谈及"他一脱险马上一个电话打去，把那一带都封锁起来，一网打尽，不到晚上十点钟统统枪毙了"这段文字，王佳芝成了"统统"之一，我读过的小说里，很少见到这么对待主人公的，用俗话说就是压根儿犯不着为她费话。王佳芝因为犯了一个不可饶恕的错误，已经变得微不足道，作者在这里所体现的是一种自然律。朋友听罢有云，实际上是张爱玲将她处决了。

再看李安的电影，则是悬崖边上王佳芝等被绑成一排，同伙怨恨地看她一眼，然后镜头摇起来，前面是深渊。这里除了李安与张爱玲对人、对世界的态度根本不同，还可看出电影与小说两种艺术形式的差异：电影只能强调，不能忽略，强化一个东西很容易，弱化一个东西就难了。然而有时艺术的力量就在弱化或忽略之中显现出来。

二〇一九年三月七日

李安的《色|戒》

首先声明一点,李安的《色|戒》,未必非得是张爱玲的《色,戒》。小说改编成电影,导演完全可以将原著推倒重来,实际上李安正是这样做的。电影里的王佳芝不是小说里的王佳芝,电影里的易先生不是小说里的易先生,他们之间的关系也不是原来那么一回事了。问题在于,小说中王佳芝如此做法,得到这样的命运,有着她自己的逻辑关系,一切可以自圆其说;李安显然并不接受张爱玲为人物安排的逻辑,对此另有一番解释,然而在我看来,他的解释并没有做到合情合理。

在小说中,王佳芝最终放走易先生这个"后果",是有着充分的心理上的"前因"的。最初在香港,为了完成暗杀易先生的任务,王佳芝被安排与一个有性经验的同学发生关系；但她还没派上用场，易先生已经离开香港了。这是王佳芝心里抹不去的痛，那还是女人贞节观念很强的年代，她甚至认为那些同学可能"别具用心"："反正就是我傻。"正因为如此，几年后王佳芝再次参与暗杀易先生的行动，才会"义不容辞"：这回一定要成功，如此当初就不白白失身了，用作者的话说，"因为一切都有了目的。"这可以说是一种赌徒心理，越输越赌，非得捞回来不可。到了那天王佳芝与易先生约好出去，她借口要补耳坠上的钻石，和他一起来到珠宝店，这是早已安排好的实施暗杀之地。他临时起念要给她买戒指，挑中了一个六克拉的钻戒。这个偶然事件给王佳芝很大的心理冲击，使她突然感到："这个人是真爱我的。"于是放走了他。

电影里王佳芝失身的情节被弱化了，增添了易先生的副官老曹前来敲诈，最后被学生杀死一场戏，这直接导致王佳芝与同伙暂时分开，失身一事对她心理上的影响也就被冲淡了。小说中，暗杀只是没有结果而已，这没有结果的行动以后仍然可以继续下去。但在电影里，老曹获知学生们的暗杀企图，事情已经败露；而且老曹说"我早就发现你们了"，他们不会不担心易先生同样也发现了。易先生是特工头子，很难想象他会对自己的手下就此失踪毫不关心。发生了这桩事件，三年后，同样身为职业特工的老吴还要把王佳芝派到易先生身边重施故技,显然不大可能。

在小说中,王佳芝从一个暗杀者到突然放走暗杀对象,这么大的心理转变,其间过程尽管奇特,却交待得清清楚楚;电影里王佳芝与易先生之间到底是怎么回事,观众大概不大容易搞明白,尤其当看不到完整版时;而那些被删掉的内容,应该也属于李安对这一关系的解释,这里姑且按下不表。

单就情节而论,电影将王佳芝只去一次珠宝店增加为去了两次,先是她拿着装有易先生名片的信封到那里,店主让她挑选钻石;以后再与易先生一起去取做好的戒指,她改变了暗杀他的想法。那么王佳芝为什么不在第一次去时有所触动,既然她已见着了被她称为"鸽子蛋"的六克拉的钻石,而且老板讲明是易先生买给她的,都付过钱了,而非要得等到第二次去才有所触动呢,这次她不过是看到用那钻石做的一个成形的戒指,在钻石周围镶了一些碎钻罢了。

类似这种地方,我们看到李安旨在使情节变得复杂,因为原著只是个短篇小说,改编成那么长的电影内容不够,然而所增添的东西不是多此一举,就是弄巧成拙。中国电影一向是编剧这一环节最为薄弱,没想到《色|戒》也如此,而且把一个本来编得严丝合缝的故事搞得不大成立了。

附带讲一下,易先生与胡兰成,王佳芝与张爱玲的关系,都是后人把"汉奸"这件事看得太重而臆想出来的,好像张爱玲这辈子非得为此写点什么不可似的。张爱玲将易先生设定为七十六号的特工头子，只是因为他有可能被暗杀也有可能杀暗杀他的人，在当时这身份最合适不过。

二〇〇七年十一月十二日

[补记] 十几年前计划写"看碟读书"，共拟二十个题目，历时两年才写出一半，以后收入《罔两编》，又抽去一篇自己不满意的。《色，戒》原在目录之列，且已写了不少笔记，但后来一直没能成文。母亲去世后搬了一次家，不慎将那叠笔记遗失了。我在《罔两编》的后记中说，"关于《色，戒》的一篇已经想好，平时也常与朋友当作例子谈起，或许将来把它给完成了亦未可知。"现在眼睛也不好，遂决意放弃不写。从存稿中找出这篇短文，是《色｜戒》刚上映后草草写成，收录于此，聊胜于无而已。

二〇一九年三月七日

"四大名著"之外

要在中国传统文学的范围内为青少年推荐几本书,其中蔚为大观的"诗"与"文",似乎不很好办。"文"当然好东西很多,但有文言的障碍;若是译成白话,则味道尽失,意思常常也搞错了。"诗"同样分量很大,虽有《唐诗三百首》之类选本,在我看来并不理想。现在只好绕开这些,单从白话小说入手。提起白话小说,就要想到"四大名著",说实话选目未必确当,但是人云亦云,仿佛已经成了定论似的。这几本书太出名了,大家恐怕早就读过,不如另外找点别的。以下所说有个共同特点,就是各具新奇之处。倒未必是要迎合某种口味,只想提个醒儿:大家后来以为新奇的写法,其实从前已经有了。

按照问世先后,第一本是明代董说的《西游补》。它的新奇之处，在于想象力特别奇特。续写名著，本是中国古代小说家爱玩的把戏，但多半都是"狗尾续貂"，只有这一本花样翻新，甚至堪称后来居上。《西游记》拘于"唐僧西天取经"，路数多少受到限制，其中不少故事也有相近之嫌；《西游补》却写孙悟空为鲭鱼精所迷，进入虚幻世界，纯然异想天开，自是无拘无束。只可惜它太短了。附带说一句，作者写这书时才二十一岁，差不多算是"青春写作"。

第二本是清代艾衲居士的《豆棚闲话》。这是一本短篇小说集，却有一个"这边村里，偶然搭个豆棚，聚些空闲朋友在那里谈古说今"的框架，与《一千零一夜》、《十日谈》颇有几分仿佛。可惜也是太短，仅十二则。全书以聚谈的豆棚忽然倒了作为收梢，颇富寓意。另外一个新奇之处，是如论家说的，"艾衲的小说有许多取材于一向被尊崇地处理的神话或传说。作者从对宇宙道德原则的怀疑出发，却以讽刺的笔法来处理，颇似鲁迅的《故事新编》"。譬如涉及伯夷、叔齐、介子推、范蠡、西施等，都把向来的说法给颠覆了。

第三本是清代吴敬梓的《儒林外史》。依我之见，论成就它实不在"四大名著"里的《三国演义》、《西游记》之下。这本书的新奇之处，在于结构。说是长篇小说，却没有主人公或主要情节贯穿始终，其实只是若干短篇故事的集合。当然《三国》和《水浒》同样没有从头到尾的主人公,"合久必分,分久必合"和"逼上梁山"严格说来也算不上主要情节,但那都是脱胎于原本的说书的,不像《儒林外史》有意写成这样。过去往往认为这是缺点,好像还是被"长篇小说非得怎样"给拘束住了;换个眼光来看,恐怕觉得别具匠心。《儒林外史》是一部有关人——尤其是读书人——的弱点的书。其中很出名的片段,譬如范进中举发疯、严监生死时嘱人挑去一根灯草等,似乎稍嫌直露;倒是更含蓄、更平和的写法,譬如讲到马二先生,才最精彩。

第四本是清代张南庄的《何典》。这是一本写鬼的小说,不过前人指出:"纵观全书,无一句不是荒荒唐唐乱说鬼,却又无一句不是痛痛切切说人情世故。"我觉得除了这层之外,还不妨视为一番"语言的狂欢"。说穿了就是耍贫嘴,难得的是一路耍到底,而且特别有趣。在汉语写作的范围里,古往今来好像找不到第二部。

第五本是清代刘鹗的《老残游记》。题为"游记",作者真是随着主人公老残走到哪儿,写到哪儿,近似西班牙的"流浪汉小说";而且其中桃花山上一大段,还是老残的一个朋友的经历。这也是传统的章回小说不大采用的写法。《老残游记》的语言非常漂亮,尤其是在写景方面,已经为论家所一再表彰。这本书最为不凡的地方还在见识上,譬如老残谈清官、贪官,翠环谈诗,世间像作者这样的明白人实在不多。

二〇〇七年四月十九日

俄罗斯式的自杀

黑泽明的自传《蛤蟆的油》写道:"哥哥以前常这么说:'我要在三十岁之前死掉,人一过三十岁就只能变得丑恶。'这话他几乎像口头禅似的不离嘴。哥哥对俄罗斯文学心悦诚服,特别把阿尔志跋绥夫的《绝境》推崇为世界最高水平的文学,总是放在手头。哥哥预告自己自杀的话,我认为那是他被《绝境》中主人公纳乌莫夫所说的奇怪的死的福音所迷惑而说出的,不过是文学青年夸大的感慨而已。"然而不幸的是,哥哥"果然按他自己常常说的,在三十岁之前的二十七岁时自杀身死"。据《俄罗斯白银时代文学史》记载,《绝境》一九一二年"出版时正逢俄罗斯社会自杀情绪蔓延时期,人们不止一次地指责阿尔志跋绥夫挑起了这种情绪(普遍认为,这种指责是不无道理的)"。二十年后,遥远的日本竟又有一位读者因此而死。其实,阿尔志跋绥夫自己也曾自杀未遂:"活到十六岁时,我对生活感到绝望,尝试过朝自己开枪,但疼痛三个月后,我站了起来,而且下定决心,无论如何也不会再射杀自己了。"他所发表的第一篇小说,即取材于此。

自杀本是俄罗斯小说中常见的内容。陀思妥耶夫斯基《罪与罚》中的斯维里加洛夫,《群魔》中的基里洛夫、斯塔夫罗金,《少年》中的兰别尔特,《卡拉玛佐夫兄弟》中的斯麦尔佳科夫,托尔斯泰《安娜·卡列尼娜》里的安娜,均自杀身亡。基里洛夫说:"人为了能够活下去而不自杀,想来想去想出了个上帝,这就是迄今为止的整个世界史。"由此得出结论:如果上帝并不存在,人就可以为所欲为,他必须通过自杀实现自己意志的最高点,以证明自己是神。阿尔志跋绥夫《绝境》中的纳乌莫夫"奇怪的死的福音",与此相去不远。不过在陀思妥耶夫斯基或托尔斯泰笔下,自杀只是小说的情节之一,在《绝境》中则几乎构成了全部情节。纳乌莫夫曾被指责为"似乎在组织一个自杀俱乐部",在他身边,前后有七个人物走上绝路。从这一点上讲,《绝境》堪称有关自杀的登峰造极之作。俄罗斯小说中的自杀可以分为两类,一是情势所迫,如安娜;一是思想所致,如基里洛夫。《绝境》所写显然属于后一类,自杀是一种关于人生和世界的哲学。这种俄罗斯式的自杀,不能局限于世俗层面去理解。借用《卡拉玛佐夫兄弟》里伊凡的话说就是:"人类存在的秘密并不在于仅仅单纯地活着,而在于为什么活着。当对自己为什么活着缺乏坚定信念时,人是不愿意活着的,宁可自杀,也不愿留在世上,尽管他的四周全是面包。"

《纽约时报书评》有篇文章,讲到英美读者"也许脑中有着根深蒂固的观念,认为俄国小说里尽是些早该送进疯人院、或才从疯人院逃出来的人"。而陀思妥耶夫斯基的《卡拉玛佐夫兄弟》"恰恰可以助长这个没有大碍的想法,更加证实了俄国无异于一所规模庞大的精神病院,院里的看护和病人患有相同的疾病"(《从灵魂涌出的洪流》)。这番话完全可以移过来形容《绝境》。——关键在于,这些疯子非但行径怪异,还对诸如生、死、上帝、世界之类的问题深入思考、反复讨论;此类想法和说法,更成为俄罗斯小说的主体。这是俄罗斯小说令人望而生畏之处,也是它们最具魅力之处。在苦苦思考与认真讨论的疯子看来,欧美小说里的那些正常人未免太简单,太浅薄了。

提起阿尔志跋绥夫,往往就要讲到鲁迅。在中国,好像没有谁比他更热衷于译介和谈论这位作家,并且深受其影响。鲁迅在《头发的故事》中,让主人公 N 说:"我要借了阿尔志跋绥夫的话问你们:你们将黄金时代的出现豫约给这些人们的子孙了,但有什么给这些人们自己呢?"这句以后被他一再引用的话,出自所译《工人绥惠略夫》中绥惠略夫之口。《绝境》中的"小大学生"奇日,也曾有过类似念头:"所有这些被津津乐道的幸福,这个黄金时代的一切,连同人类的全部未来,是否还能抵得上一个渺小、饥饿、屈辱的大学生所承担的所有不为人知的苦难呢?……为了你们这些未来的人,还需要多少同样渺小而默默无闻的幻想家,还需要多少鲜血与痛苦!……为了你们……未来幸福的猪猡……代价是不是太高昂,牺牲是不是太巨大了呢?……"对此作者写道:"这个疯狂的想法是如此突兀,陌生得连他自己都被吓坏了。就像粗暴地侮辱了最珍贵的东西,就像玷污了圣物。"当年人们读到阿尔志跋绥夫的作品,大概正是此等印象。鲁迅在《译了〈工人绥惠略夫〉之后》中说:"阿尔志跋绥夫是厌世主义的作家,在思想黯淡的时节,做了这一本被绝望所包围的书。"说来《绝境》同样如此。

这个"黄金时代"之前的年月,这个"思想黯淡的时节",也就是通常所谓"世纪末";阿尔志跋绥夫正是一位典型的世纪末作家。《绝境》所一而再、再而三描写的自杀,应该置于这一背景之下去理解。记得在一个座谈会上,有论家批评鲁迅翻译选材不精,即举阿尔志跋绥夫为例,说他只是个过时的无政府主义作家罢了。这样说假如不是了解不够的话,就与对"世纪末"或"黄金时代"如何认识有关。当鲁迅深受阿尔志跋绥夫的影响,认为自己也生活在这位作家的时代,曾说:"万不可做将来的梦。阿尔志跋绥夫曾经借了他所做的小说,质问过梦想将来的黄金世界的理想家,因为要造那世界,先唤起许多人来受苦。他说,'你们将黄金世界预约给他们的子孙了,可是有什么给他们自己呢?'有是有的,就是将来的希望。但代价也太大了,为了这希望,要使人练敏了感觉来更深切地感到自己的苦痛,叫起灵魂来目睹自己的腐烂的尸骸。"(《娜拉走后怎样》)这与奇日关于"黄金时代"的想法如出一辙。鲁迅晚年自己也做起"将来的梦"了,就把"萨宁之徒"说成"以一无所信为名,无所不为为实"(《〈中国新文学大系小说二集〉序》),从"阿尔志跋绥夫的作品里看见了绝望和荒唐"(《祝中俄文字之交》),而以《萨宁》为"淫荡文学"(《〈艺术论〉译本序》)。然而不幸的是,"黄金时代"遥不可及,"世纪末"如此漫长,阿尔志跋绥夫尚未过时。较之同时代的高尔基、索洛古勃、蒲宁、库普林和安德列耶夫等,他与我们的关系可能更为密切。

虽说基里洛夫与纳乌莫夫之间不无呼应关系,二人却有根本区别:基里洛夫是关于自己的自杀思想的实行者;纳乌莫夫则仅仅是在鼓吹自杀而已,结果别人死了,而他活了下来。这与安娜和基里洛夫之间的区别,同样重要。从安娜到基里洛夫再到纳乌莫夫,可以说离"古典"越来越远,离"现代"越来越近。创造他们的托尔斯泰、陀思妥耶夫斯基和阿尔志跋绥夫,正分别代表了俄罗斯文学或俄罗斯思想的不同时期。当纳乌莫夫被问到自己为何不自杀时,回答:"我活着是因为我的思想比我本人更加强大!"并且说:"人有权利把思想推演到荒谬的程度,推演到残酷的程度、暴虐的程度,随便怎么样都可以!……有能力便去做,对您来说,这是唯一的法则!"这番话,也像是在形容阿尔志跋绥夫此前所写另一部小说《萨宁》里的萨宁。萨宁与纳乌莫夫都是毫无担当的人。不过萨宁更其恣意妄为,纳乌莫夫则只是个思想或言论上的萨宁。萨宁与犹太青年索洛韦伊奇克的一番交谈,可以视为整部《绝境》的雏形。当索洛韦伊奇克问:"可是难道不能为未来生活吗?哪怕是为了以后人间会有黄金时代……"萨宁断然回答:"黄金时代永远也不会有。"这时的他,简直就是纳乌莫夫的前身。萨宁宣称:"痛苦是毫无意义的,反正任何人都不可能永生。只有那些在自己生活中已经看到快乐的人应该活下去。而痛苦的人死掉更好。"索洛韦伊奇克信念被摧毁了,自杀而死,就像《绝境》中的人物一样。对于萨宁和纳乌莫夫来说,既有的一切道德规范和思想模式均已丧失价值,无须继续遵从;他们称得上是"世纪末"或"黄金时代"出现之前所出现的"新人"。二十世纪迄今，此类"新人"在各个领域大行其道。

《绝境》开篇就将书中一系列人物的自杀归咎于纳乌莫夫："这个阴郁者的身影或许已经成了生活的负担，但毋庸置疑的是，在诸多事件的演进中，他举足轻重。"然而又说："而当你环视周围，便不能不发现，人类的任何意志都无济于事，既不能丝毫增加生活中已有的内容，对于向大地最深处生长的根基所萌生的东西也毫无助益，无论早晚，无论以何种方式，都必然会导致难以逃脱的结局。"其间矛盾之处，最可留意。小说中第一个自杀的是少尉克拉乌杰，对他来说，"没有痛苦，但也毫无意义：开始新生活毫无意义，衣着毫无意义，吃喝毫无意义，说话毫无意义，思考毫无意义……并非厌倦了一切，而仅仅是因为——毫无意义。"他明确宣布："我活不下去了，但不是因为他（指纳乌莫夫）所讲的东西……"这提示我们，纳乌莫夫"奇怪的死的福音"，未必真的具有启示意义或终极意义。奇日一度是纳乌莫夫坚定的反对者，称得上是全书中系对于未来的希望于一身的人物，最终却也难免自寻绝路。所留遗言："很好，我有信仰，我相信生活是美妙和壮丽的，但它并不属于我！……我的一切都完结了：我再也无法从此地逃脱，我既没有奋斗的力气，也没有抗争的欲望。……随便吧，让你们去活吧，但愿你们幸福，但愿自由美好的人类生活的前景为你们敞开！……但我沉沦了！"可能更接近于作者自己对于"世纪末"或"黄金时代"之前的把握。也就是说，那些自杀者更属于这个年代"向大地最深处生长的根基"。相比之下，无论萨宁还是纳乌莫夫，毕竟还在赋予人生和世界以某种意义，无论这意义是"享乐"，还是"死"。《绝境》里剩下的活人，除纳乌莫夫外，还有一位"极端的悲观主义者"老医生阿尔诺利基，"本质上比纳乌莫夫更糟"。当奇日问："那您为什么不去自杀呢？"他回答："我什么要自杀呢？我早就已经死了！"

鲁迅说："阿尔志跋绥夫的著作是厌世的，主我的；而且每每带着肉的气息。但我们要知道，他只是如实描出，虽然不免主观，却并非主张和煽动；他的作风，也并非因为'写实主义大盛之后，进为唯我'，却只是时代的肖像：我们不要忘记他是描写现代生活的作家。"（《〈幸福〉译者附记》）阿尔志跋绥夫并不是思想家，只是对于所处时代敏感到了病态程度，并把自己的感受写得淋漓尽致而已。回过头去看陀思妥耶夫斯基《卡拉玛佐夫兄弟》中关于"人类存在的秘密"的话——这是有关俄罗斯思想最本质的概括，也是俄罗斯文学最重要的主题——可以把从《萨宁》到《绝境》所描写的一切，理解为是对于人类"为什么活着"的"坚定信念"的追索过程。在这一点上，阿尔志跋绥夫与其他俄罗斯作家并无二致，只是更趋极端罢了。显然，他无意或无法为此提供答案，他笔下的所有人物，谁都不是楷模。

二〇〇七年二月十九日

热爱大自然的人

前不久《普里什文文集》出版座谈会上，有环保人士指出，作为生态文学，此书亦有局限，譬如写到狩猎，即不宜提倡云。当时我也在场，觉得不无误会。究其缘由，则"世界生态文学的先驱"的字样，见诸文集各卷封面；主编在总序中也说，作者不少想法，与后来雷切尔·卡森的《寂静的春天》颇具相通之处。然而二十世纪中期兴起的"生态文学"有个前提，即世界范围内生态已经出了问题；对于"先驱"普里什文来说，这前提并不存在，抑或尚未彰显。所以没法要求他不说咱们不愿听的话。我由此想到人与大自然的关系，可谓先畏之，继欺之，终怜之。——之所以"怜"，是由于人类对自身的未来有所担忧，仍为一个"畏"字。"生态文学"便是这末一阶段的产物。普里什文去今不远，背景却与我们判然有别。也许在"畏"与"欺"之间,真有一个彼此相得的时期;也许这仅仅体现在少数人如普里什文身上。即以狩猎而言,当时乃是理所当然;好比动物间照样弱肉强食,那些猎人不过藉此加入到自然循环之中罢了。另外一位"世界生态文学的先驱"梭罗所著《瓦尔登湖》,也曾写到猎狐之事。他只是平静地叙述见闻,并无一语予以谴责。与后来的"生态文学"相比,同样"此一时也彼一时也"。

须得声明一句:我对狩猎不感兴趣,绝无提倡之意。——不过普里什文说过:"一次,命令上缴猎枪。这简直要了我的命:我自己整个的幸福都与拥有猎枪联系在一起。"(《猎取幸福》)在同一篇文章中,却又写道:"现在,我,一个训练过不止一条猎犬的猎人,会以极度鄙视的心情看着那个身背别丹式步枪、不断装子弹、用脚撵走野兽、认为自己是打猎的人。"所说的"那个人",就是当年他自己;同样"拥有猎枪",今昔有何不同呢。这可以用《灰猫头鹰》中的话来解释:"在我们的作家们的笔下,我们俄国的狩猎总是很少只被当成一种运动,不像国外的猎人们所认为的那样。在某些场合,比如说在普尔热瓦利斯基那里,狩猎就被视为一种认识自然的方式,而在民间,这就是一种对自然的爱,或者更确切地说,就是众人皆有可能读懂的生活欢乐的诗篇。我非常相信,随着时代的发展,从我们的狩猎中会发展起我们不可或缺的自然保护事业。"在他看来,其间的差别胜过一切。

狩猎的话题按下不表。对普里什文来说,关键在于"认识自然";他的全部作品都可以归结为有关这一过程的详尽记录。马克·斯洛宁在《苏维埃俄罗斯文学》中说:"他断言人是在宇宙的河川里游泳,个人的生命和普遍的事物法则是完全相合的,他把动物、季节和人说成是具有同样生命本质的同一类现象。但是他的世界观没有含糊不清的神秘性,而且他的泛神论也不是过分一般化。他以自然主义者的精确性记下了他所观察的结果。他厌恶人们空谈'大自然的美或天地间的奇迹',喜欢细腻地描写黑琴鸡在交尾时的情景,或者是蜜蜂在仲夏某一日的活动。使这位诗人科学家的作品如此引人入胜的,正是由于他真挚地热爱一切存在的事物。他永远有所发现,而且他在视、听、嗅、尝、触、想中所得到的感受,是颇有感染力的——它使读者因为感到生气勃勃和时刻探获新的事物而欢欣鼓舞。"此书讲到普里什文的一章题为"热爱大自然的人",古往今来当得起这话的人很多;但是若论对于大自然的感受,好像没人能比普里什文写得更丰富,更具体。正因为如此,帕乌斯托夫斯基才说:"大自然对于悉心洞察它的生活并歌颂它的瑰丽的人,倘若能生感激之情的话,那么这番情意首先应该归于米哈伊尔·普里什文。"(《面向秋野》)至于普里什文讲的"从我们的狩猎中会发展起我们不可或缺的自然保护事业",也应该基于"认识自然"或"对自然的爱"去理解。

普里什文在其成名作《鸟儿不惊的地方》中说:"……我要为自己的心灵找到一个地方,在那里,我将对我周围的自然世界没有任何疑问;在那里,人类,这个大自然的最危险的敌人,可以对城市一无所知,却能够与大自然浑然一体。"这使我们想到另一个人,即上面提到的梭罗。他们都"认识自然",而不止步于自然,最终关心的还是人间,所写的都是一己的心灵史。相比之下,梭罗未免把他向着大自然所迈出的一步看得太严重了,普里什文则纯粹得多,安详得多。虽然他在《人参》等作品中描写的所在,比起梭罗的瓦尔登湖距离人间更远。梭罗标举一种生活方式,普里什文则再现一种感受方式。且以《人参》为例。主人公卢文每天早晨总要跟森林中的各种鸟儿"说说话,喂点东西给它们吃",对此作者写道:"我很喜欢他的这种友谊,这种热切关注一切生物的精神。我特别喜欢的是,卢文做这种事并没有什么动机,或者硬是要它们过什么好日子,他根本没有想过要做个什么榜样给别人看,这一切都出自一种本能,在他是来得十分自然的。"这番话仿佛专门针对梭罗所说。梭罗将文明世界与大自然视为截然对立,他的全部思想就立足于这种冲突;

而在普里什文笔下，一切归于和谐。当普里什文说："我同那些为新文化而劳动的人们在一起工作，我感觉到，'生命之根'已从大自然的原始森林里转到我们的创作境界来了；在我们的艺术、科学和其他有益活动的原始森林里寻找生命之根的人，比在大自然的原始森林里寻找那所剩无几的根的人，距离所要达到的目标更近一些。"梭罗何等艰辛迈出的一步，在他自然而然地就实现了。

二〇〇六年四月十六日

一本书的故事

　　十年前我写过一篇文章，谈及小时候读的几本苏联小说，皆为当年红卫兵抄家劫余之物。后来写《插花地册子》，又提到此事。我说其中顶喜欢的是《盖达尔选集》上下卷，尤以《少年鼓手的遭遇》、《学校》和《铁木尔和他的队伍》印象最深，都具传奇色彩，又是少年儿童的真切感受，很引人入胜，反复阅读亦不感厌倦。另外两本已经忘了作者姓名的《马列耶夫在学校和家里》和《瓦肖克和他的同学们》，写的是和平年代的事，其中种种烦恼和快乐，都是我的生活中完全缺乏的。举一个例，《马列耶夫在学校和家里》写到训练小狗的方法，说狗并不认字，展示一个数字给它，便一声声叫下去，只须在合适时机悄悄打个榧子，遂即停止，大家便觉得狗会数数了。这些岂是我在那个黯淡乏味的岁月里所能想象的呢。我那时候有点儿孤僻，找不到愿意一起玩的伙伴，马列耶夫、瓦肖克和《学校》的主人公鲍里斯·戈利科夫就成了我最好的朋友了；瓦肖克比马列耶夫年龄要大一些，经历也就不同，再加上盖达尔笔下那些人物，甚至可以说是替我制造了一个颇有意味的童年和少年时代。遗憾的是收有《铁木尔和他的队伍》的《盖达尔选集》第二卷，后来不知怎么遗失了，铁木尔也就成了一位不辞而别的朋友。我还说，自己是不大相信个人记忆尤其是童年记忆的，尤其不愿意以此作为价值判断的标准，但是盖达尔现在已经不大有人提及，虽然大家都喜欢"怀旧"，却没有他的份儿。我觉得奇怪，盖达尔总不至于就这样被遗忘罢。

那篇文章发表之后，有位素不相识的客人来访。聊些看书之事，话题转到外国儿童文学，我又提到盖达尔。客人比我年轻许多，居然知道这个名字。——我说"居然"，是因为曾有出版社的编辑要我推荐书，我说把《盖达尔选集》重印一遍罢。编辑问："这是谁呀？"我就不再说下去了。盖达尔从前在社会主义国家可是大名鼎鼎。我刚刚看了一部德国小说《T-134》，其中写当年有东德人劫持一架飞机去西德，"他脑子里想着阿尔卡基·盖达尔和修理工手册，这些是他喜爱的书，他全都要带上"。

客人走后，我找出家里那半部已经缺头短尾、不成样子的《盖达尔选集》，把其中各篇的译者和页数写给了他。过些日子，"天涯"网上贴出一篇《"就这样被遗忘"的盖达尔》，署名"肖毛"，就是那位客人。其中有番话，很有意思："常听人说，今天的儿童是幸福的，可以读到许许多多的新书。但是，那些同样甚至更好的旧书，他们却不容易读到。因此，他们的幸福，怕是并不像有人说的那样多。如今，虽然有止庵先生那样的有心人，出版社也比五十年前更多，愿意给儿童多送一点幸福的出版社，怕是也不像有人说的那样多罢。"

盖达尔的书其实重新出过，书名《铁木尔和他的队伍》，共收《革命军事委员会》、《学校》、《远方》和《铁木尔和他的队伍》四篇，上海译文出版社一九七八年和一九九五年各印行一版。前一版是当年那种说质朴也行说简陋也行的平装，后一版则是我最不喜欢的硬纸壳儿覆层光膜的所谓"精装"。肖毛买到了后一本，写了那篇文章。

可我还是惦记着当年丢失的《盖达尔选集》第二卷，希望有机会补上，或者另买一套。自打知道"孔夫子网"卖旧书，我常去那儿打探。去年夏天，终于发现一家书店有售全套的，九品，五十元。我马上买下了，收到后却颇感失望，其一书脊开裂，其一封底缺失。我向店主投诉品相差得太多。答复颇有君子之风：款可返还，书请留着看罢。说来我一门心思找这书，未必真要重读一遍，所以赶紧包好退回。

友人江慎是位有心人，过去我写文章提到自己缺少的书，他陆续觅来送给我，如张岱著《快园道古》、《石匮书后集》、《三不朽图赞》，周作人译《希腊神话故事》、《伊索寓言选》等。年底又得他来信，说为我找到了《盖达尔选集》。待收到邮包，拆开一看，原来正是半年前我退回的那一套。

《盖达尔选集》第一卷含《自传》、《革命军事委员会》、《学校》、《第四座避弹室》、《远方》、《让它发光》，四百七十四页，少年儿童出版社一九五九年九月出版；第二卷含《军事秘密》、《蓝色的杯子》、《少年鼓手的遭遇》、《林中烟》、《丘克和盖克》、《小小说》、《铁木儿和他的队伍》、《一块烫石头》、《铁木儿的誓言》、《前线随笔》，五百七十六页，同一出版社一九六〇年十二月出版。译者多系名家，如曹靖华、梦海、李俍民、任溶溶等。两卷共有插图二十八幅，另有题图若干。我曾在《插花地册子》里选用了阿·叶尔莫拉叶夫为《远方》画的一幅，称为"童心未泯之作"，书中当得起这话的插图还有不少。听说此前出的盖达尔的十几种单行本，插图印得精致多了。

帕乌斯托夫斯基写过一篇《同盖达尔在一起的日子》，说："在我看来，盖达尔最主要、最惊人的特点，是根本无法把他的生活和他的作品分开。盖达尔的生活似乎是他的作品的继续,有时也许是他的作品的开端。盖达尔的每一天几乎都充满了非常事件、意想不到的事、热闹而有趣的争论、繁重的工作和机智的笑话。不管盖达尔做的是什么事,说的是什么话,一切都会立即失去平凡的、令人厌倦的特点,变成不平凡的东西。盖达尔的这个特点完全是本能的、直感的,这个人的本性就是如此。"那么"童心未泯"也可以用来形容盖达尔。他是红军出身,当到团长,后来成了著名的儿童文学作家,一九四一年牺牲于卫国战争前线,终年三十七岁。帕乌斯托夫斯基所说"他活着是一个杰出的作家和非凡的人,死了也是一个英雄",诚为的评。

时隔多年,自己早已没有什么童心了,可是把盖达尔的作品重看一遍,仍然觉得很有意思,尤其写到孩子们的想法、言语、举动,当年留下的好印象总归不差。只是发现某些篇章如《远方》、《少年鼓手的遭遇》、《军事秘密》等,或多或少有令人反感的地方。盖达尔在《自传》中说:"我就要写完一本小说《少年鼓手的遭遇》。这本书讲的不是战争,可是里面讲的事情严酷而危险,一点都不下于战争本身。"我所反感的,正在于他笔下这种和平时期"不可调和的阶级斗争";相比之下,我倒认为反映战争"严酷而危险"的《学校》仍可接受,其间区别在于一真一假。我这看法,并不单单针对盖达尔。总的来说,盖达尔固不应该"就这样被遗忘",

可也未必就要把他捧得多高。

苏联文学曾经给过我们很大影响,这一事实本身并不能增加它的价值;倘若细加分析,负面影响绝对不比正面的少。而且苏联文学中最好的那些,我们过去根本就不知道。二十多年前我读了马克·斯洛宁著《苏维埃俄罗斯文学》,才明白这一点。我曾说,苏联文学最初的确继承了俄罗斯文学的伟大传统,如扎米亚京的《我们》、巴别尔的《骑兵军》和布尔加科夫《大师和玛格丽特》等,不过这些都被"活埋"了。以后还有帕斯捷尔纳克、索尔仁尼琴等反主流者,普里什文、帕乌斯托夫斯基等非主流者,即使侧身主流之中的,也有肖洛霍夫这样颇有成就的作家。但毕竟只是少数,其余大量的并无什么艺术成就可言。以此来看盖达尔,他的确如帕乌斯托夫斯基所说颇具才华,在主流作家之中不无成就,又因致力于儿童文学而别具特色。

马克·斯洛宁说:"革拉特珂夫、法捷耶夫、奥斯特洛夫斯基、盖达尔、马卡连柯的作品和肖洛霍夫的史诗般的作品形成了以现实主义为特点的共产主义文学的核心。他们每个人都有自己的独到之处,把他们全都列入同一个文学流派是错误的。他们唯一的共同点是:那些不同艺术风格的作品都表达了同一个信念。"这里讲的正是它们何以构成苏联文学的主流。如果单看"自己的独到之处",同为描写国内战争的小说，盖达尔的《学校》虽然无法与肖洛霍夫的《静静的顿河》相提并论，却未必逊色于法捷耶夫的《毁灭》，肯定要比绥拉费摩维支的《铁流》、富尔曼诺夫的《恰巴耶夫》和奥斯特洛夫斯基的《钢铁是怎么炼成的》好得多。曾有朋友告诉我，他读《钢铁是怎么炼成的》所留心的是朱赫来怎样去影响和改造保尔，即人是怎样炼成钢铁的，以为颇有值得深思之处。其实《学校》写的也是这回事，同样可以换副眼光去看。小说结尾于一场战斗，末了写道：

"'鲍里斯！'我听见了一阵断断续续的低语。

"我睁开了眼睛。几乎就在我的身旁，瓦斯加坐在那儿，紧紧地抱住一棵被炮弹片炸烂了的小桦树的树干。

"他的头上没有帽子，两眼向前方凝视着，他凝视着那透过湿润浓黑的夜，像金沙一般闪烁着的远方车站上的火光。

"'鲍里斯，'他的低语飞到我的耳中，'我们终于占领了它。'

"'占领了它，'我低声回答。

"于是，他把那棵幼小的、炸坏了的桦树抱得更紧，露出他安静的最后的微笑向我看了一眼。然后他的头轻轻地落到抖动的矮树丛上去了。"

"那棵幼小的、炸坏了的桦树"似乎象征鲍里斯·戈利科夫的以往,如同"我们终于占领了它"象征他的未来一样。这当然是"过度诠释",但是我想无妨如此。

二〇〇七年五月四日

再说《洛丽塔》

　　《洛丽塔》或许被看成某种计谋的产物。作者纳博科夫移居美国多年，此前他只在俄国流亡文学的小圈子里享有名声；而他用俄语写作的那些小说，几乎完全不为新大陆的读者和评论界所知。《洛丽塔》改变了这一切。从此他成了焦点人物，无论在美国，还是在全世界。论者尊之为继康拉德后第二位采用非母语写作成功的作家。所写《普宁》、《微暗的火》等继续引起轰动，早年诸作亦经自己或他人之手一一译为英文重新出版。纵览二十世纪文学，纳博科夫堪称"大师里的大师"。

　　而《洛丽塔》能成为纳博科夫人生与写作上的转折点，又与所写内容有关。它迹近"诲淫之作"：一位中年男子竟爱上年仅十二岁的小姑娘。此书也的确因此曾被某些国家查禁。这就该说到前述"计谋"了：纳博科夫精心策划一部至少颇具争议的作品,为自己赢得大名。然而事实并非如此。《洛丽塔》最初未能在美国出版,改由法国一家声誉可疑的出版社印行;只因格雷厄姆·格林的推荐,才受到大家关注。假如纳博科夫真有计谋,最终的成功纯属偶然。

时至今日,没有谁再以"诲淫之作"看待《洛丽塔》了,虽然准保还有读者不喜欢它,——说得更准确一点儿,不接受它。然而假如拿与此正相反的一副眼光去看《洛丽塔》,恐怕又会大失所望。纳博科夫曾在《关于一本题名〈洛丽塔〉的书》中揶揄道:"《洛丽塔》开头几章的某些技巧——例如亨伯特的日记——让我最初的读者误认为他们读的是一本淫秽的书。他们以为读下去会有越来越多的淫秽场面。而一旦不见有淫秽描写,这些读者也就读不下去了,觉得乏味,感到沮丧。"可以顺便一提所谓"全译本"的问题。我很怀疑此前各种版本有所删节;假如真的"不全",也一定不是针对"淫秽描写",因为书里压根儿没有这种东西。

尽管如此,人们读过此书,未必都会愉快。这里要强调另外一点:《洛丽塔》虽系纳博科夫所著,却地地道道是一位名叫"亨伯特·亨伯特"——小说的主人公,第一人称叙述者——的书。让某些人不喜欢或不接受的,其实是这个人。正如巴尔加斯·略萨在《洛丽塔已过三十岁》中所说,"亨伯特·亨伯特讲述的故事是违反常理的,但是既不色情也不淫荡。书中丝毫没有对性行为描写——色情文学必不可少的条件——的刻意追求；也没有借助为主人公——叙述者的放纵辩护而宣扬的享乐主义观点。亨伯特·亨伯特既不放荡也不好色，他仅仅是着了魔而已。当然，他的故事是违反常理的，因为他就是这样感觉并且说出来的，他一再强调自己身上的'痴呆'和'魔怔'——这是他的原话"。所要补充的是，亨伯特·亨伯特的眼光肯定是针对女性的，所谓"nymphet"一说，也只有男性才可能认同。世间不喜欢或不接受《洛丽塔》的，大概多半是女性罢。

纳博科夫的兴趣则是创造这样一个人物，而且写得活灵活现。就像他所说的："《洛丽塔》是我特别钟爱的作品。这是我最艰难的一部作品——主题是那么遥远，远离我自己的情感生活；在用我的混合才能把它写得真实的过程中，我感到特别快乐。"从前我写文章说，纳博科夫写作《洛丽塔》的真正动机——这接近于一般文学理论中所说的"主题"——在于，这本小说最不容易写。纳博科夫属于世间这样一类作家：他所以从事文学创作，首先因为智力超群。纳博科夫从本质上讲是个开玩笑的人，但是他把玩笑开得比一切都更真实，更复杂，也更深刻。《洛丽塔》就是好例子。

二〇〇六年九月十日

用脑写作的作家

在报上见到一种说法：末流作家用手写作，中流作家用脑写作，此外别有用心写作者，言外之意该是上流的了。我觉得写作或思维方式诚有不同，却未必是此种高下排法。这里举个例子，就是卡尔维诺。他该算是"用脑写作"了罢，然而若论其"流"，文学史上能有几人比肩。说实话，用手或用心者未必用得了脑，或有脑可用。

卡尔维诺译为中文的书，先前已有若干单行本；后来汇编为文集五卷；现在打算补齐原有序跋，仍以单行本的形式一一推出。我前后读他的作品已经不少，一直打算议论一番。可是这回看了《为什么读经典》，《豪尔赫·路易斯·博尔赫斯》一篇所说实在精辟，不如直接抄引在此：

"我将先讲我对他情有独钟的主要理由，这就是我在博尔赫斯那里认识到文学理念是一个由智力建构和管辖的世界，这个理念，与二十世纪世界文学的主流格格不入，应该说是背道而驰。换句话讲，二十世纪文学主流是在语言中、在所叙述的事件的肌理中、在对潜意识的探索中向我们提供与生存的混乱对等的东西。但是，二十世纪文学还有另一个倾向，必须承认它是一种少数人的倾向，其最伟大的支持者是保罗·瓦莱里（我尤其想到散文家和思想家瓦莱里），他提倡以精神秩序战胜世纪的混乱。……发现博尔赫斯对我来说，就像看到一种潜能，这潜能一直都在蠢蠢欲动，现在才得到实现：看到一个以智力空间的形象和形状构成的世界，它栖居在一个由各种星宿构成的星座，这星座遵循一个严格的图形。"

　　卡尔维诺与众不同之处，他自己讲得清清楚楚。用心写作诉诸情感，用脑写作发挥想象。对此我曾有番想法：想象本身已经足以给人类提供永恒的价值取向，而并不在乎这一想象的意义何在。换句话说，想象与我们的存在之间并不是派生或隶属的关系，它既非譬喻，亦非修饰，不能用存在来界定；它本身就是独立的存在，已经具有终极意义。此外补充一点，即用脑写作并非易事。卡尔维诺讲"必须承认它是一种少数人的倾向"；据我看在此倾向上真正达到"以精神秩序战胜世纪的混乱"程度的，恐怕只有博尔赫斯、卡尔维诺等少数几人。

我一直把卡尔维诺与博尔赫斯看成一伙儿的，很高兴他自己也这么说，而且明言受到博尔赫斯启发。卡尔维诺起先也是用心写作的，他的《通往蜘蛛巢的小路》（一九四七）正是这样一本书；至于论家强调它与当时的新现实主义文学如何不同，意义倒在其次。我不知道博尔赫斯什么时候开始让卡尔维诺"看到一种潜能"，但根本性的变化可能发生在创作《我们的祖先》三部曲期间。前两部《分成两半的子爵》（一九五二）和《树上的男爵》（一九五七）仍属于用心写作一类，虽然不无浅深之别，《树上的男爵》尤其有卡夫卡的味道；到了第三部《不存在的骑士》（一九五九），就完全不同了。前两部是寓言，可以照见现实的影子；这是"反寓言"，描写的是这个世界之外的另一个世界，——卡尔维诺所说"以精神秩序战胜世纪的混乱"，正是这个意思。而从某种意义上讲，卡尔维诺比博尔赫斯走得更远；或者说，将"用脑写作"发挥到了极致。主宰博尔赫斯的世界的是个远离我们的迷失者，主宰卡尔维诺的世界的是个凌驾于一切之上的变戏法的人。博尔赫斯的作品有如咒语，但不是游戏；卡尔维诺则将游戏玩到最高级、最复杂的程度，大概只有《哈扎尔辞典》的作者帕维奇差可比拟。

前面提到三种方式，写出来的是完全不同的作品，也就应该用不同方式去读。以心读心；以脑读脑；作者无心无脑，我辈亦无须以此对之。卡尔维诺有句话也是说给读者听的："这个理念，与二十世纪世界文学的主流格格不入，应该说是背道而驰。"以脑读书，与以心读书，其实也处在这样的方向。譬如他的《命运交叉的城堡》（一九六九）、《看不见的城市》（一九七三）和《帕洛马尔》（一九八三），写作与阅读都是一场智力游戏；若像读寻常小说一般，希望得到情感抚慰或人生启迪，则是求马唐肆，一无所获。

二〇〇六年十月五日

帕慕克与侦探小说

在奥尔罕·帕慕克的《黑书》里，卡利普失踪的妻子如梦是个侦探小说迷。卡利普有一次"想象在家等他的如梦正读着一本侦探小说，而他自己是书中的主角"。以卡利普为主角的这本《黑书》，中译本正好标明"侦探小说"。博尔赫斯说："文学体裁与其说取决于作品本身，还不如说取决于阅读这些作品的人的看法。"又说："侦探小说制造了一种特殊的读者。"（《博尔赫斯口述》）此类"特殊的读者"往往将侦探小说视为一种"文学体裁"，而以此种"看法"——多半是种共识，概括起来或许就是范达因著名的"侦探小说二十条准则"——去"阅读这些作品"。他们的反应是"是"或"不是"；如果先入为主地告诉他们"是"的话，他们会说"对"或"不对"。所以保罗·奥斯特《纽约三部曲》的中译本尽管声称"不是传统意义上的侦探小说",仍然有读者站在侦探小说的立场对它表示"失望"。如梦若是读了《黑书》,大概也是同样反应。

类似的作品,还有博尔赫斯的《小径分叉的花园》、《死亡与指南针》,罗伯-格里耶的《橡皮》,埃科的《玫瑰之名》,以及帕慕克自己的《我的名字叫红》等。它们都只是利用了侦探小说这一"文学体裁"。显而易见,无论罗伯-格里耶、埃科,还是奥斯特、帕慕克,谁也不可能为我们写一部"传统意义上的侦探小说"。唯一例外的是博尔赫斯,他与比奥伊·卡萨雷斯合写过《堂伊西德罗·帕罗迪的六个问题》和《一种死亡模式》,不过迄未译介过来。

《黑书》描写了一桩失踪案,后来演变为一桩凶杀案;而卡利普对于如梦及其同父异母哥哥耶拉的追寻,很可能导致了他们最终被杀害。这与《橡皮》不无相近之处。在那本书里,密探瓦拉斯是来调查杜邦教授的谋杀案的,幸而不死的杜邦却阴差阳错地命丧瓦拉斯之手。这显然与传统意义上的侦探小说大相径庭。范达因的"准则"规定:"侦探本人或警方搜查人员不可摇身变为凶手,因为这样做有愚弄读者之嫌。"其更深一层意义在于,侦探小说家坚持认为这个世界是符合逻辑的,因而是可以用理性来把握的。所以博尔赫斯才说:"在我们这个混乱不堪的年代里,还有某些东西仍然默默地保持着经典著作的美德,那就是侦探小说;因为找不到一篇侦探小说是没头没脑,缺乏主要内容,没有结尾的。……这一文学体裁正在一个杂乱无章的时代里拯救秩序。"而无论《橡皮》还是《黑书》,却都彻底颠覆了这种"秩序"。

《黑书》与侦探小说之间另有一种联系,就是书中一再提到的如梦与卡利普的相关争论:"如梦相信卡利普绝不会碰她的书。她知道他受不了侦探小说,而她也只有这些书。"作品的主人公卡利普,代表了帕慕克自己的意见;如梦对于侦探小说的看法以及侦探小说这一"文学体裁"本身,则是帕慕克所树立的假想敌。虽然帕慕克无意把《黑书》写成侦探小说,《黑书》却是对比着侦探小说写成的。换个说法,正因为作者的立场从"只有这些书"的如梦换成了"受不了侦探小说"的卡利普,一部侦探小说才变成了《黑书》。

《黑书》开始于如梦的突然出走,同时她的同父异母哥哥,出名的专栏作家耶拉亦告失踪。卡利普认为两件事是有联系的,于是在寻觅如梦的同时,也留心耶拉的作品。小说的基本架构即由此而来:卡利普对于如梦、耶拉的追寻与报纸上的专栏文章——作者先是耶拉,以后改由卡利普代笔——作为书中的不同章节交替出现。小说写道,卡利普"有一股欲望,让他想模仿如梦那些侦探小说中的侦探。'若要像侦探小说中的英雄那样,处处可以发现线索,'卡利普疲惫地想着,'唯一的方法就是,你必须相信周围的物品都隐藏着秘密。'"正是从卡利普这个想法开始,帕慕克与侦探小说分道扬镳。

小说写道:"卡利普有一次告诉如梦:'唯一值得阅读的侦探小说,应该是作者自己也不知道凶手是谁。'只有这样,书中的人物和角色才不会变成混淆视听的假线索,操控在一位全知全能的作者手中。由于反映出现实世界的真人真事,他们在书中的形象才会真实鲜活,而不单是小说家想象力的虚构之物。看小说看得比卡利普多的如梦则反问,如果一本小说真的如他所言,充满了各式各样的细节,最后必然会因为过于庞杂而完全失控。侦探小说中的细节之所以如此安排,很明显地,目的是为最后的破案作伏笔。"以如梦的眼光看,《黑书》正是一本"充满了各式各样的细节"、"因为过于庞杂而完全失控"的书。它违反了范达因的"准则"中"不需要用很长的篇幅来描述与案件进展无关的事物"的规定。问题在于,如何能从卡利普所发现的"周围的物品都隐藏着秘密"之中,将范达因讲的"与案件进展无关的事物"排除在外。这就要仰仗侦探小说中那位"全知全能的作者"了。帕慕克有意放弃了这一身份,卡利普也就成了不受控制的"处处可以发现线索"的角色了。于是卡利普追寻的过程中所遭遇的一切,以及耶拉和他自己笔下的一切,无论是否构成"最后的破案"的"伏笔",都在帕慕克笔下呈现出来。《黑书》正是这样一本书。

小说另一处写道:"虽然他只读过几本侦探小说,但他却时常高谈阔论此种文类:应该有办法架构出一本小说,让它的开头和结尾的章节一模一样;应该写一个没有'结局'的故事,因为真正的结局已经隐藏在中间的内容里;应该要编造出一本小说,其中的角色全都是瞎子,等等。卡利普在脑中组织着这些如梦嗤之以鼻的假说,梦想也许有一天他能够成为故事中的另一个人。"相对于侦探小说中的侦探来说,卡利普的确是"瞎子";更有意思的则是他对于"结局"的否定。侦探小说的结局总是大同小异的,极尽巧思、千变万化的是通往结局的过程;但是就像如梦所说,是"最后的破案"决定"侦探小说中的细节之所以如此安排";假如没有结局,所有过程都失去了意义。侦探小说的作者正是置身于故事的结局,才能做到"全知全能",预先明白什么"细节"有用,什么"细节"没用,从而决定录存与否;"如梦侦探小说中的主角们则居住在一个整洁平和的世界,由作者提供的少数几条必要线索组成"。在"一个没有'结局'的故事"中,作者将变得无所适从。然而当他回到过程之中,所写的就不是侦探小说而是这部《黑书》了。

"筌者所以在鱼,得鱼而忘筌;蹄者所以在兔,得兔而忘蹄。"对于读者来说,《黑书》如何成为这样一本书,其实并不重要。然而在我的印象中,帕慕克是位多少有些小心翼翼的作家。所以在《黑书》中,在耶拉的文章首次作为一个章节出现之前,他特意提示读者:"等卡利普确定共乘小巴里不会有人跟他闲聊后,他翻到报纸第二页的专栏,带着一个真正上瘾者的细心和享受,把它折成适中的大小,先是瞥向窗外一会儿,接着便开始阅读今日的耶拉专栏。"就像在《我的名字叫红》中,也先要交代"说书人扮演狗的角色说起了故事",才出现"我是一条狗"那节文字一样。同样,认为《黑书》对侦探小说的利用与解构是有迹可寻的,或者说将卡利普与如梦的争论看成作者处心积虑在为自己制造理由,可能也是不错的了。我曾经说,一本书有一本书的读法。《黑书》肯定不应该当作一部侦探小说去读,但是既然其间多少有些关系,站在侦探小说的立场去看它如何不像一部侦探小说,或许反倒能够看出它的特色,以及作者如此写法的用意。论家谈到《黑书》的两重主题,指出一是"对自我本质的追问、自我与他人关系的思索",这完成于追寻者卡利普最终对于被追寻的耶拉身份的取代;一是"对伊斯坦布尔历史和命运的叙述,更由此扩大到对东西方关系和本质的思索",这体现在卡利普的整个追寻过程之中。假如卡利普不认为"周围的物品都隐藏着秘密",而帕慕克也不这样海阔天空、事无巨细地去写的话,这一层就不可能实现。

二〇〇七年七月二十四日

《今昔物语》与芥川

谈到《今昔物语》,往往要提芥川龙之介。因为他的小说颇有些出典于此,他对这书的评价也最到位。甚至有种说法,《今昔物语》地位如此之高,多少要归功于芥川。当然反过来讲,芥川成就如此之大,也多少要归功于《今昔物语》。从《今昔物语》到芥川,是日本文学史上的一条脉络。《今昔物语》中译本面世,却远远在芥川作品之后。我们读书循此顺序,觉得《今昔物语》某些故事似曾相识,敢情芥川"早已写过"了。这颇像一位朋友讲的"倒读"。

然而芥川小说与《今昔物语》相关诸篇,其实大相径庭。最显明的例子,就是《竹林中》与《今昔物语》卷二十九第二十三篇《携妻同赴丹波国,丈夫在大江山被绑》。有如加藤周一《日本文学史序说》所说:"想与妻子一起跨越大江山的男子,遇见了强盗,他用自己的弓交换了强盗的大刀,自己却被弓所威胁,大刀也被夺走,被捆绑在树上,与此同时他的妻子被迫在他眼前与强盗共寝。这个故事在芥川龙之介的《竹林中》,或在黑泽明的《罗生门》里,都在心理性方面加以运用。事件发生后,强盗、女人、男子,各有各的说道,究竟谁说的是真实,不得而知,这是皮兰德娄式的趣旨。这种趣旨在《今昔物语》的原作里是没有的。原作简洁地叙述事件的经过,并记述了强盗离开后,女人对男人说了感到失望一类意思的话,然后用以下一句话来结束,这句话是:'竟在深山之中,把弓箭交给一个素不相识的人,可算是愚蠢已极。'——这是实际的体会,与当事者的感情心理或任何伦理价值都没有关系。为了活下去,必须正确判断情况,必须反应敏捷。在这短短的话语里,也清楚地反映出在这个世界里'愚蠢'也是无可奈何的。"需要强调的是,芥川重新设计了故事的结尾,改成丈夫死亡,妻子下落不明,强盗被捕;这样才能安排多重角度叙述,才能出现说法莫衷一是,也才能反映他那充满怀疑主义的"皮兰德娄式的趣旨"。

芥川曾经指出:"《今昔物语》中的人物就像所有传说中的人物一样,心理并不复杂。他们的心理只有阴影极少的原色的排列。不过,我们今天的心理中,多半也有着与他们心理共鸣的颜色。银座当然已经不是朱雀大路。可是,如果窥视一下如今摩登小伙和摩登女郎的心灵，无聊是无聊了些，但仍然同《今昔物语》中的年轻武士和年轻女官是一样的。"（《关于〈今昔物语〉》）相比之下，芥川笔下人物的想法可就复杂多了。鲁迅所说："他的作品所用的主题，最多的是希望已达之后的不安，或者正不安时的心情。"（《〈鼻子〉译者附记》），全不见于《今昔物语》。

以上是芥川小说所有，《今昔物语》所无的。也有《今昔物语》所有，芥川小说所无的。二者说穿了是一回事。芥川所谓"复杂"，亦即鲁迅所谓"不安"，遍观《今昔物语》，处处体现一种与此截然相反的气象。对于《今昔物语》来说，世上有些事情发生了，如此而已；背后并无别的意思。芥川却简直要被事情背后那个往往讲不清楚的意思给压倒了。我曾经说，芥川很像卡夫卡，也是最先感到"现代"来临，既无法应对又无法躲避的人。传记作家形容芥川"神经脆弱到连门前有人咳嗽都会大吃一惊"；无论《今昔物语》那不知名的作者，还是书中众多人物，绝非这个样子。

从前我看《水浒》动辄写"不怕天，不怕地，不怕官司，论秤分金银，异样穿绸锦，成瓮吃酒，大块吃肉"，很感羡慕——羡慕的不是那种生活，而是那个态度。读《今昔物语》也有同样感受。芥川称赞说："《今昔物语》的艺术生命并不止于'活生生'一点，借用西洋人的话说，是 brutality（野性）

之美，那是一种与优美、奢华最为无缘的美。"此种为芥川小说所不具备的美，其实与《今昔物语》"人物心理并不复杂"不无关系。——这里不存在芥川所必须面对的"复杂"问题，是以人物不是那般想法，作者也不会那般写法。

《今昔物语》与芥川小说相比，其一简洁，其一纠缠；其一明快，其一晦涩；其一坦荡，其一惶惑。我们无须指定孰高孰低，孰是孰非，亦无从舍此取彼。尽管芥川说"我们今天的心理中，多半也有着与他们心理共鸣的颜色"，其间仍有本质差别；芥川自己则无法侧身于"我们"之列，因为他已经做了"现代人"了。这也是世间类似芥川、卡夫卡者的共同境遇。那么站在此岸，看看彼岸曾经有过的景色，至少也是一番调剂罢。

二〇〇六年十二月七日

借用鲁迅的眼光

　　山崎丰子的《白色巨塔》与鲁迅的《中国小说史略》风马牛不相及，硬拉在一起，是打算给前一本书安个名目，这在后一本里现成就有。或者说安名目贴标签殊无意思，光是读书自然如此，搞评论却很省事，因为道理尽在其中，无须另费口舌了。

　　《白色巨塔》中译本封面有"日本社会派小说巨匠经典名作"字样；论家谈及此书，或曰"现实主义"，或曰"批判现实主义"。在我看来都有点儿"隔"。鲁迅写《中国小说史略》时不用这路概念，他自己另造一些。书中讲到"寓讥弹于稗史者"，与此正相仿佛。在鲁迅笔下，这又分作"讽刺小说"、"谴责小说"和"黑幕小说"三等。其一"秉持公心，指摘时弊"，其二"揭发伏藏，显其弊恶，而于时政，严加纠弹,或更扩充,并及风俗",其三"以抉摘社会弊恶自命",题旨相去不远;区别乃在另一方面。讽刺小说,鲁迅单单看中一部《儒林外史》,认为"其文又感而能谐,婉而多讽";又举范进丁忧一节为例,说是"无一贬词,而情伪毕露,诚微辞之妙选,亦狙击之辣手矣"。另两类则等而下之:"虽命意在于匡世,似与讽刺小说同伦,而辞气浮露,笔无藏锋,甚且过甚其辞,以合时人嗜好,则其度量技术之相去亦远矣,故别谓之谴责小说。""又或有嫚骂之志而无抒写之才,则遂堕落而为'黑幕小说'。"

　　胡适尝批评《中国小说史略》"论断太少";其实独到之见,贯穿此书始终。即以"寓讥弹于稗史者"而言,要看"寓"得是否恰到好处,"稗史"即小说于此高下立判。鲁迅所谓"度量技术","抒写之才",可以归结为含蓄,克制,过犹不及。他另有针对《三国演义》的批评:"至于写人,亦颇有失,以致欲显刘备之长厚而似伪,状诸葛之多智而近妖。"正是如出一辙。此乃鲁迅研究小说史,同时也是他自己从事小说创作的基本理念之一,所作《肥皂》、《高老夫子》等,均称得上讽刺小说。

　　现在要谈的不是鲁迅,而是《白色巨塔》。如前所述,这也属于"寓讥弹于稗史者",鲁迅"指摘时弊"、"揭发伏藏,显其弊恶"、"抉摘社会弊恶"之类的话都用得上;

若以"度量技术"或"抒写之才"求之，大概该说是在谴责小说与黑幕小说之间。且来举个例子。小说第一章，主人公去看情妇，对方明言："五郎无论如何你都要当成教授，万一不成功的话，你在财前家的地位就岌岌可危了。你每个月五万七千元的副教授薪水，财前家全留给你当零用钱，不仅如此，你在酒吧的花费也都可以挂财前妇产科的账，这全是因为他们把你当成准教授的绩优股。就连我也是一样，你按月给我两万，剩下的我自己去赚，我之所以愿意当你自食其力的情妇，也是因为看准了你是未来的教授。"未免太过显豁。安排人物如此想法，又如此说法，以鲁迅的眼光看，至少评为"辞气浮露，笔无藏锋"。类似这种笔墨，书中在在皆是。

应该指出，我说"以鲁迅的眼光看"，或许还可以加上别的什么人，譬如我自己；然而并非人人都是这般见解。前述讽刺小说、谴责小说和黑幕小说之区别，之高下，亦未必为大家所一致认同。鲁迅已经揭示此点。他说"过甚其辞，以合时人嗜好"，是乃"时人"取舍，恰与自家相反。所以换副眼光，可能一切都颠倒过来："辞气浮露，笔无藏锋"正是淋漓尽致、震撼人心，"感而能谐，婉而多讽"则为语焉不详、难以理解。"过甚其辞"，没准不如此则不足以塑造一度大讲特讲的"典型"罢。庄子云："彼亦一是非，此亦一是非。"读者自作评价可也。

回过头去看鲁迅所讲三类小说,表面区别在于是否"过甚其辞",内里差异则为是否"以合时人嗜好"。对于谴责小说和黑幕小说来说,这是一个至关重要、必须考虑的创作因素。在这方面,《白色巨塔》亦可举为例证。此书原本只有一部,煞尾于"这件明明是误诊却让医生胜诉、患者败诉,如此泯灭人性的官司"定谳;后来才有续集(中文版第二十二章以下),安排官司翻案,财前五郎则患了与曾经误诊的病人同样的胃癌而死。作者解释说,前集"连载完毕之后,许多读者对判决结果有一些意见,他们认为:'小说虽然是虚构的,但作者必须顾及小说带给社会的影响,结局也该负起应有的社会责任。'身为一个作家,不可能改变已经完成的小说,但面对读者们赤裸裸且强烈的建议,让我不得不反思,身为一位撰写社会性议题的作家所肩负的社会责任以及小说所带来的影响力",是以"相隔一年半之后,我再度着手撰写《续白色巨塔》"。这番话真可用作鲁迅论断的脚注。至于财前五郎的死法,恰合大众所期待的因果报应。对于这样一部小说,应该说属于合乎情理的安排——此情此理,亦即"时人嗜好"也。

二〇〇六年三月二十六日

漫画史漫话

我不止一次以"外行谈……"为题作文；现在说到漫画史，还是这么回事。当然不妨从自己稍稍熟悉的门类里找点什么打个比方。譬如说"文"。这里最能与"画"中的漫画对上号的，大概要算杂文了。不过这路文章我向来不写；赶上别人写得好的，倒是爱看。只是鲁迅以后，好的写家实在少见。李欧梵著《铁屋中的呐喊》，针对鲁迅的《"丧家的""资本家的乏走狗"》批评道："尽管极有文采，这篇文章，以及其他许多个人攻击的文章，究竟有多少长存的价值，却是令人怀疑的。特别是当被攻击者以及当时上海文坛的情况在历史上渐渐退色以后，后来的读者，不论是国内国外的，已不再熟悉三十年代初的人和思想上的龃龉以后，他们是否还会爱好这些'战斗的'杂文中充满着的尖刻？"我读爱德华•福克斯的《欧洲漫画史：1848—1900年》，觉得李氏批评杂文的话亦可针对漫画而言。虽然他讲的不一定对。

《欧洲漫画史》有云："在修正迄今占统治地位的价值观念的时期，陈旧的观念及承载它们的机制日益削弱；认为它们是唯一幸福源泉的信念业已腐朽和动摇。在这种形势下，漫画总会站出来说话。事态越是鲜明，漫画也就会越是繁荣和活跃。"这同样可以用来形容杂文，至少在诸如鲁迅那个年代确实如此。无论杂文、漫画，一准具有当下的意义，而且总是具体的，特定的；有关此点，无须多言。问题在于"时过境迁"之后。——当漫画或杂文成了"史"了，它还有没有价值：换句话说，就是"漫画史"能否成立。

回过头去看李氏的话。《"丧家的""资本家的乏走狗"》之类杂文可能有的"长存的价值"，其实他已看在眼里，只是不肯承认罢了：后来的读者正可藉此熟悉"三十年代初的人和思想上的龃龉"，此其一；这些文章仍然"极有文采"、"充满尖刻"，此其二。这正是优秀的杂文——譬如鲁迅所作——除了具有现实价值，也还具有历史价值，因而历久弥新之处；优秀的漫画也是如此。它们是历史实录，又是不朽的艺术品；不仅体现当时民间或知识界的姿态、良心和对时势的即刻反应，也是人类智慧的结晶。漫画史之成立，就基于此。

我读《欧洲漫画史》，正好比读一部欧洲的断代史。一应历史人物，历史事件，都在画家笔下活灵活现——当这段历史早已成为过去，那些人物和事件几乎湮没在时间的尘埃之下时，此种见识尤为难得。一卷在手，不禁叹为观止。

二〇〇六年七月二十九日

我看埃舍尔

那回在北京太庙参观埃舍尔的版画展,听见一个小姑娘的话:"早先那些是很美的,后来他好像彻底疯了。"似乎正好说明埃舍尔的发展过程。开始他是反映自然的,但是自然里有一种神秘吸引了他,渐渐他对再现或发现神秘着迷了,以后干脆自己制造神秘。也可以说,神秘或产生于他的心灵,或产生于他的头脑。在我看来,他前一方面最好的作品是《梦》(一九三五)、《静物与街景》(一九三七)、《泥水》(一九五二)和《三个世界》(一九五五);后一方面最好的作品是《魔镜》(一九四六)、《上与下》(一九四七)、《凹与凸》(一九五五)和《瀑布》(一九六一)。当然他主要还是一位制造神秘的画家。

埃舍尔说:"我们身边的现象所展现的规律——秩序、

法则、循环与再生,对我来讲越来越重要。意识到它们的存在,能够为我的心灵带来平静,给我的精神以一种支撑。我试图在我的作品中表明,我们生活在一个美好的、有序的世界之中,而不是像有时感到的那样一团混乱。"这番话很有意思,因为"我们"和"我"并不怎么合拍,给埃舍尔心灵带来平静的东西给我们心灵带来的恰恰是混乱;在埃舍尔精神得到支撑的时候我们失去了支撑。真实被巧妙地演化为虚幻,虚幻又被精细地表现为真实,我们甚至不敢继续相信我们的世界了。然而幻觉原来是我们自己制造的,在仅仅是二维的画面上想象出三维的世界,这是自古皆然的习惯;埃舍尔不过加以利用并且无限夸张,直至我们把什么都迷失了,包括我们自己。

或许因此会联想到德·基里科,但他是始于智慧,直达心灵;而埃舍尔则始于智慧,止于智慧。这是个有趣到恐怖的画家,他的作品是一场出入于疯狂边缘的智力游戏。他引得我们像傻瓜似的追随他,以致陷入他布置的怪圈之中,可能埃舍尔真正感到"美好"的是用一副嘲讽的眼光俯瞰着这一情景。他置身于由"秩序、法则、循环与再生"奇异而怪诞地构筑的"有序"之上,像一个施行催眠术的法师。而在他的作品中经常出现的愚蠢得全无人性的怪物,对他来说很可能是人类的象征。人类总是因为找不到"可能"与"不可能"

的最终界限而迷狂。这时的埃舍尔,也许正在做一个比他让我们做的梦更加荒唐的梦;也许"彻底疯了",——也就是说,他完全看清楚了。

埃舍尔在美术史上的地位,甚至位置,似乎迄今还是有疑问的。我想原因之一也许是他的作品在思路上过多重复。其实所有画家都有一个属于自己的特有思路,勉强说来也许毕加索可以除外。但那都是感受方式的接近,而感受本身永远是新鲜的,结果丰富而不重复。对埃舍尔来说,他从始至终运用的不是感受而是思维。思维方式的接近容易使人产生厌倦之感,最明显的是《昼与夜》(一九三八),这个并不复杂的意思他前后表现得未免太多了。

[附记]这本是《画廊故事》的一则,作于一九九九年初,后来重写为《画见》时未予收录。关于埃舍尔,我还写过一篇《视觉的骗子或魔术师》,与这里所说并不重复。

二〇一九年三月十八日

关于翻译的闲话

此次北京国际图书博览会的主宾国是德国,我们不免对德国文学,乃至对整个德语文学多所留意。中国介绍德语文学时间较久,新发现的周作人写于一九一〇年代末的《近代欧洲文学史》,第三章"古典主义时代"有三节,第四章"传奇主义时代"有两节,第五章"写实主义时代"有一节,专讲德国文学,简明扼要,评骘允当。翻译方面更是卓有成就,就中歌德、席勒、海涅、卡夫卡等均有中译本全集面世。然而遗漏亦不少,尤其是二十世纪德语文学。

我在出版社工作时,有心为此做点事情。曾经拟了一份书目,计有德国阿尔弗雷德·德布林的《山、海和巨人》(一九二四)、恩斯特·容格尔的《在大理石悬崖上》(一九三九)、托马斯·曼的《浮士德博士》(一九四七)、乌韦·约翰逊的《对雅科布的种种揣测》（一九五九），奥地利赫尔曼·布洛赫的《维吉尔之死》（一九四五）、彼得·汉德克的《罚点球时守门员的焦虑》（一九七〇）、英格博格·巴赫曼的《玛丽娜》（一九七一），瑞士弗里德里希·迪伦马特的小说全集、马克斯·弗里施的《就叫我甘腾拜因吧》（一九六四），以及英籍保加利亚人埃利亚斯·卡内蒂用德文写的自传三部曲等。当提交给德国某机构，谋求一点帮助时，答复却令人大失所望。负责人也算是有名的文化人，看到托马斯·曼的名字居然难掩嘲笑之意——不是针对托马斯·曼，是针对将其作品引进中国的想法。结果社里只自行出版末了一种，即告中止。我也明白介绍此类经典之作，反响可能不如当红作家作品，被视为不合时宜亦不足为奇。上述名单出于一己之见，现在想来，还可补充瑞士罗伯特·瓦尔泽的《助手》（一九〇七），奥地利阿尔弗雷德·库宾的《那一边》（一九〇九）、约瑟夫·罗特的《拉德斯基进行曲》（一九五一）、海米托·冯·多德勒尔的《斯特鲁斯霍夫梯道》（一九五一）或《斯卢尼的瀑布》（一九六三）。还有托马斯·曼的四部曲《约瑟夫和他的兄弟们》（一九三三至一九四三）。无论如何，此项译介属于文化推广与文化积累，似乎不宜过分趋时与急功近利。当代作品自须介绍，空白也应设法补上。

讲到外国文学的翻译，除选目外，质量方面也存在一定问题。有位从事此道的朋友来信："汉译工作须具备两种能力，一是理解外语的能力，一是汉语表达的能力。前者又分为通晓外语语法和熟悉外语词汇两方面，其中通晓外语语法是根本，因为不通晓外语的语法，就不可能理解原著的含义。相比起来，虽然不熟悉词汇也难以理解原著的含义，但好在这方面还有词典可以帮忙，只要你肯下工夫查找；而且无论熟悉词汇与否，多翻词典对于理解原著的含义肯定大有帮助。翻译最终是把原著从内容到形式尽量准确地用汉语表达出来，只有具备一定的汉语表达能力，才能使译文'成文'，而不只是将外语词汇一一对应地用汉字排列出来。可以说，理解外语的能力只关乎译文的'信'，而汉语表达的能力则关乎译文的'信、达、雅'。所以，不具备一定的汉语表达的能力的人搞汉译，连最基本的'信'都做不到，更不要说'达'和'雅'了。时下谈及'汉译'时，人们似乎更注意理解外语的能力，而较少考虑、有时甚至不考虑汉语表达的能力。这大概是许多汉译作品质量不高的主要原因。"所言颇有道理。我的看法是，理解外语的能力往往就体现在汉语表达的能力之中：话说不清楚，也许因为没能力说清楚，也许因为根本没想清楚。

我最近读了一本亨利·斯各特·斯托克斯著《美与暴烈：

三岛由纪夫的生与死》（原名 The Life and death of YUKIO MISHIMA）中译本，读到开头不久"自卫队东部方面总部大楼表面呈灰黄色，共有三层楼高"一句，觉得文字不济，已经明白译后记所云"译文势必有力所不逮之处"，并非谦辞。及至读到"这是典型的日本民族观点，在诸多古典典籍中都有淋漓尽致的表现：比如十八世纪的《古事记》和《日本书记》，以及最负盛名的十九世纪长篇巨著《源氏物语》"、"由于比他年长的作家太宰治于一九六五年六月自杀身亡，三岛由纪夫就理所应当被认为是有实力问鼎诺贝尔奖的主要日本作家"等处，就很怀疑不仅涉及我那朋友说的"汉语表达的能力"，"理解外语的能力"也有问题，且相关知识亦不具备。原著无疑是很好的书，因此更觉可惜。

翻译之事，有赖于译者及编辑的能力、知识、悟性和心态。不妨再举一例。苏珊·桑塔格《激进意志的样式》中译本里，《伯格曼的〈假面〉》一篇云："近几年来，随着雷奈（Resnais）在《穆里爱》中进一步发挥了想象力，一批更为复杂、更为成熟的电影得以问世。"而《戈达尔》一篇则云："以同时代最杰出的两位导演为例：雷诺阿在完成巨作《穆里爱》之后，就变换成《战争终了》的风格，特吕弗（Truffaut）的《柔肤》也与前作《朱尔与吉姆》大相径庭；而《战争终了》与《柔肤》都不过是两位导演的第四部作品。""另一些影片——如罗塞里尼（Rossellini）的《意大利之旅》与雷诺阿的《穆里爱》——则采取了一种相对'非现实主义'的叙述模式，将故事分解成为一个个互不关联的部分。"同一译者，何以忽而确知 Resnais 是雷奈，忽而又错认成雷诺阿（Reneir）呢。这多少涉及相关知识———让·雷诺阿（一八九四至一九七九）与戈达尔（生于一九三〇）尽管彼此的电影生涯稍有重合，但似乎谈不上"同时代"，雷奈（一九二二至二〇一四）才是戈达尔的同时代人，若以他导演的第一部剧情长片《广岛之恋》（一九五九）来比后者导演的第一部影片《精疲力尽》（一九六〇）的话。雷奈的《穆里爱》完成于一九六三年，《战争终了》（La Guerre est Finie）完成于一九六六年；弗朗索瓦·特吕弗（一九三二至一九八四）的《柔肤》完成于一九六四年，《朱尔与吉姆》完成于一九六二年。犹如前面提到的《美与暴烈：三岛由纪夫的生与死》中，《古事记》和《日本书记》不是"十八世纪的"，《源氏物语》不是"十九世纪的"，一九六五年去世的不是太宰治，而是谷崎润一郎，他并非自杀。这些都是常识，随手一查便知。此类问题主要还当归咎于译者心不在焉，编辑也视而不见罢。

二〇〇七年九月二十三日

我的好书观

说一本书好或不好,有两层意思,其一限于一己,其二推及他人。之间界限,最难逾越。《复堂日记》云:"《西青散记》致语幽清,有唐人说部风。所采诸诗玄想微言,潇然可诵。以示眉叔,欢跃叹赏,固性之所近。施均父略翻五六纸,掷去之矣。"正是好例。如今一年出书二十多万种,披沙拣金,总能找出若干。但是我近来想,此等做法,究竟有何用处。我想世间大概有三种人:第一种压根儿不读书,你说什么都无所谓,就中甚至不乏从事文化工作的人士;第二种则是人云亦云,跟风跑的,能够影响他们的是各种营销、炒作;第三种自有主见,并不需要别人饶舌,顶多提供一点资讯就够了,我辈声音微弱,未必起甚作用。顺便说一句,这些年来总的趋势,大概是第三种人逐渐变成第二种人,第二种人逐渐变成第一种人了。在此情形之下，我们找些书出来推荐，多半属于自说自话。炒作与营销的声音之外，有点微弱的"杂音"，也是一件好事。

我所谓"好书"，无非是值得一读而已。因为要读过才知道，那么就是不悔一读。要而言之，内容上求一"新"字，道理上求一"通"字，文字上求一"达"字。无拘历史，传记，哲学，随笔，均如是。炒冷饭，不讲理，文不从字不顺，恕我敬谢不敏。文学作品或可例外，但第一条亦即原创性自必不可少。或者说这标准未免太低了，其实不然。每年出书多了，够上这个份儿的很少。但也尽够读的了。

这里说的"好书"，大概接近于"经典"。不过需要略作解释，第一，经典很多，虽然值得读，就个人而言，却未必需要读。读与不读，还看自家口味。第二，说到"经典"，既指一类书，也指一种眼光。一本书成为经典，有待时间考验；我们却无须坐等，能有这副眼光鉴别就行。

我曾为一家《年鉴》选书，当时写了一节未发表，顺便抄录在此："某一本书的出版，其实与整个中国文化建设不无关系；我们的文明就像一条河，出版一本好书，好比给这河里注入一股水或一滴水。虽然只是些许，但对这条河来说，有没有它就是不一样的。我喜欢从这个角度去理解一本好书的著述或译介。应该强调的是，这种文化建设的意义，不一定马上反映出来。从前我曾经提出设立一个'反排行榜',就是出于这种考虑。假如只凭'卖得好坏'来评判一本书,引得大家都按照排行榜来读书、出书,中国文化前途堪忧。这里提出的十来种书,或够得上'一股水'的分量,或够得上'一滴水'的分量,在我看来它们一概有所贡献。"不过这仍属于"自说自话",他人未必认可。

二〇〇六年十二月二十八日

我的笔名

我有志于文学创作久矣。起初胡乱写些东西，不曾发表，无须笔名。一九七九年父亲代投几首小诗给某刊物，回信云拟予刊登；当时我在大学学医，不愿别人知道，父亲遂给起名"方晴"——"方"是我的小名，"晴"则暗喻当时的政治形势。我自己不很喜欢，不过此后写诗、写小说，倒是一直用着。一九九三年我的诗集出版，也署的这个名字。后来改写随笔，另用笔名"止庵"。最早一次用它，是在《新民晚报》发表一篇题为《探访八道湾》的随笔，大概是八十年代末。父亲不大赞同我改名字；我想前人尚且"不惜以今日之我与昨日之我战"，换个名字又何妨呢。

《樗下随笔》是我署名"止庵"出的第一本书。当时特地写了一篇《止庵说》："《庄子·德充符》云：'人莫鉴于流水而鉴于止水,唯止能止众止。'我喜欢这个意思,后来写文章就取它作笔名。我是想时时告诫自己要清醒,不嚣张,悠着点儿。'轩'、'堂'、'斋'等对我来说都嫌过于隆重,我想象中读书的所在只是一处'庵'——荒凉里那么一个小草棚子而已。"《庄子》"止"字多见,这里所说,意思较为曲折。我写《樗下读庄》,曾解释道:"道又可以被理解为是一种自然状态,遍在于天地万物;别人看到道的体现者所体现的自然状态,由此体会到自身的自然状态,也就得到道。'人莫鉴于流水而鉴于止水,唯止能止众止'是由所'鉴'的'止'看到了自身的'止'。而作为道的体现者,人或大自然或别的什么并没有区别,都是可以一'鉴'的。"《庄子》别处讲到"止",亦各有境界。去年曾托友人刻了"今子止"、"吉祥止止"、"其动止也"等几枚闲章。此外"听止于耳,心止于符"二句也很喜欢,可惜尚未刻成。

我用这个名字,以及我写文章,旁人说好说坏,其实都无所谓。这些年出过几本书,也编过几本书,一向性喜低调,"自适其适"。然而有些事无端牵扯,亦是烦恼。譬如坊间有"隐蔽的大师"《雅堂笔记》、《顾随说禅》二种,冠以"止庵主编",实未经我同意。我知道卖书不易,当下不愿声张,只在给朋友的私信中讲明与我无关。以后这信揭载出来,有记者来电话采访,我也但述事实,未作评论。现在时过境迁,不妨略说几句：我对连横全无了解，怎会编他的书；顾随著作倒是一向爱读，但题曰"说禅"，却连"汉三国南北朝时期"的《佛典翻译文学选》也给收入，显系隔教所为。希望读者明鉴。专写文章不值，此处顺便一说。

二〇〇六年四月六日

我的闲章

闲章好像是书画家的物件,我辈不写字不画画,似无所用。去年却也请人刻了几个,把玩而已。

就中四枚,系稼句兄托人代刻。一是"鉴于止水"。见《庄子·德充符》:"人莫鉴于流水而鉴于止水,唯止能止众止。"我的笔名即由此而来。其余几枚,典故亦出《庄子》。

一是"吉祥止止"。见《人间世》:"瞻彼阕者,虚室生白,吉祥止止。"《应帝王》里有段话,可以用来解释:"无为名尸,无为谋府;无为事任,无为知主。体尽无穷,而游无朕;尽其所受乎天,而无见得,亦虚而已。"两处所说的"虚",正是同一意思,即把"成心"尽皆去了。此外,《大宗师》所说:"堕肢体,黜聪明,离形去知,同于大通,此谓坐忘。"亦是此意。"同于大通"、"体尽无穷,而游无朕",即庄子所谓"吉祥"也。

一是"今子止"。见《齐物论》:"罔两问景曰:'曩子行,今子止;曩子坐,今子起;何其无特操与。'"景答:"吾有待而然者邪。"此即命意所在,很接近《逍遥游》所说"至人无己"。

一是"闻之疑始"。《大宗师》里,南伯子葵问女偊何以"闻道"。女偊曰:"闻诸副墨之子,副墨之子闻诸洛诵之孙,洛诵之孙闻之瞻明,瞻明闻之聂许,聂许闻之需役,需役闻之于讴,于讴闻之玄冥,玄冥闻之参寥,参寥闻之疑始。"前作《樗下读庄》,曾解释说:"从'副墨'到'疑始',是由人为越来越接近于自然的过程,是由'有待'到'无待'的过程,也是由理性进为悟性的过程。'副墨'、'洛诵'明显是有心学习,'瞻明'、'聂许'则去了这份心了;'需役'、'于讴'是不觉而如何,理性已变为悟性,但着眼点还是外在表现,或还是从外面说的;'玄冥'、'参寥'却是从内里讲了,纯是感觉;'疑始'就是体会无限,就是得道,这是形容其无终极无尽藏之意,不是理性思辨意义上的认识。"

另外三枚,则是云南强英良君所刻。一是"自适其适"。见《庄子·大宗师》:"若狐不偕、务光、伯夷、叔齐、箕子、胥余、纪他、申徒狄,是役人之役,适人之适,而不自适其适者也。"又见《骈拇》:"夫不自见而见彼,不自得而得彼者，是得人之得而不自得其得者也，适人之适而不自适其适者也。"《大宗师》那一节，自闻一多起即有所质疑；《骈拇》亦属庄子后学言论。然而"自适其适"一语，摈弃自身以外一切价值标准，在我看来颇得庄学神髓，故写文章一再引用。

一是"其动止也"。见《天地》："凡有首有趾无心无耳者众，有形者与无形无状而皆存者尽无。其动，止也，其死，生也，其废，起也，此又非其所以也。有治在人。忘乎物，忘乎天，其名为忘己；忘己之人，是之谓入于天。"此意近乎《齐物论》之"夫吹万不同，而使其自己也，咸其自取，怒者其谁邪"，即"吾丧我"，亦即"至人无己"也。附带说一句，《人间世》有云："听止于耳，心止于符。"我也喜欢。

此外还有一枚，曰"如面谈"。我曾以此为题，出过一本集子，在序里说，忘了从谁的书里得知俞曲园曾手制一种信笺，上面画两个老人对坐，旁题"如面谈"，我觉得此语甚好，"如"字尤得我意。我平素很不擅于与人打交道，即使对极敬重的人也是这样，如面谈而终于不是面谈，庶几可以减免一些拘束与尴尬，又由得我们说我们想说的，这才说得上是"不亦乐乎"呢。说来苦雨翁对此也中意，见《知堂回想录·从不说话到说话》："平常写文章的时候，即使本来没有加进去诗的描写，无意中也会出现一种态度，写出来夸张不实的事来，这便是我在乙酉（一九四五）年六月所写一篇《谈文章》里所说的，做文章最容易犯的一种毛病，即是作态。……对于这种毛病，我在写文章的时候也深自警惕，不敢搦起笔来绷着面孔，做出像煞有介事的一副样子，只是同平常写信一样，希望做到琐屑平凡的如面谈罢了。"我取书名时没想到这番话，不然该说出处在此了。

二〇〇六年九月十日

答谢其章君问

谢：第一次知道你，是十多年前在北礼士路的新华书店总店买了你的《樗下随笔》。当时"随笔"正热，这也许是买的动机之一；还有就是"樗下"、"止庵"，感觉有点儿生，就买了。后来不断在报章上读到"止庵"，我私下跟朋友说，止庵这个名字有助于他取得现在这样的关注，你是否觉得我说的有几分道理？

止：我这笔名是随便起的，并未经过"深思熟虑"。当初在公司打工，偶尔写点小文章又不想让公司的人知道，而"止庵"好像不容易与打工者联系在一起。古人用这名字的人不止一位,清朝写《介存斋论词杂著》的周济便以此为"号"。我没想到文章一直在写，后来还出了书，再改用别的名也不合适了。其实不如径用本名，像你似的。倒是可以出本《止庵文集》，署"王进文著"，这样就改回来了。不过一直不曾实行。自己并不觉得用这名字有甚好处，反而听说有人正为此讨厌我呢。

谢：读你的文章，常常有"这本书我读了好几遍"、"这本书我读了不止一遍"的话，我一直对此有怀疑。听来一个故事，有位学生想拜大师之门，大师问他通读过二十四史吗，学生说读过一遍，大师说读过三遍再来找我。我的问题是：什么样的书值得"通读"而且还须好几遍，或者世上压根儿就没值得费这大劲儿的书？有哪些书通过读了好几遍使你实际获益？顺便请问你读书是不是需要一点技巧，如作笔记，画重点线等，你自己有无秘技可示一二？

止：我的习惯，凡是打定主意要读的书，一概通读。至于不止读一遍，好书均应如此，无奈时间精力有限，不能做到。我常"觉今是而昨非"，不敢满足于过去的读书印象。时隔多年，重读每有新的发现，看法甚至完全变了。我不喜欢在书上乱画，顶多夹个纸条儿，不大作笔记，只是仔仔细细、一字不落地把书看完。

谢：我认识的人当中，有几位是"问不倒的"，我惊诧他们的"博闻"，更惊诧他们的"强记"，只要进入他们的领域，几乎没有脱靶的，这几位有姜德明、韦力，再就是你。"博闻"似不难做到，多看书呗；"强记"就难多了，要把所闻所见表达出来，又要表达得准确、表达得比较文学，离不开强记这项本领。你是如何做到既知道的多又记住的也多的？

止："博闻"绝谈不上，但我一向不愿浅尝辄止、似是而非。记得有文章说，日本作家德田秋声"晚年记忆力衰退，每当深夜写作，遇有记不清笔划的汉字，决不马虎以他词顶替，而要不辞老步蹒跚地登楼叫醒睡梦中的孩子讨教清楚而后已"，我看后引为楷模。对待一个字如此，对待过去的一件事、一个人也如此。"强记"则只限于自己感兴趣者。因为感兴趣，所以很留意，结果就记住了。此外也与大学学医，常常大段背书有关，可以说是受过这方面的"训练"罢。我觉得关键在于别"闻"错了，"记"错了，道听途说；那样越"博"、越"强"，就越糟糕。

谢：你的《苦雨斋识小》，从写法到书的版式乃至数目字用"汉"不用"阿"诸细节，我都很喜欢，还把大著评为当年自购书中的"最佳"。奇怪的是此书卖得并不好，以苦雨斋的影响力，五千册不该愁卖啊，我去书店，总要留心瞧瞧，好像每个书店都有存货，昨天在涵芬楼看到架上有两本，翻了一下还是二〇〇二年一版一印的五千册。对此，我认为你的读者不会超过五千人,这是一个令有着二十年文龄的作者沮丧的数目。这个现象说明了什么?

止:或者读书的人和读的书目越来越少了;自己落在此一范围之外,也没有法子。既不能屈人以从己,更不能屈己以从人。只能对那些迄今仍买我的书、读我的书的读者,表示感谢。

谢:我是把人分成圈子的,你肯定是属于读书圈的,我感兴趣的是你对藏书圈有何见教?对于现在大大小小的民刊,你觉得民刊与主流刊物的差别与作用各在哪里?民刊是否无足轻重?

止:我曾经说:藏书是个事儿,读书不是事儿,此乃人之常情,犹如吃饭睡觉一般。所以我对"读书圈"的说法不甚认同,假如读书真的成了某个圈里的事儿,那可真是书与人的悲哀了。我自己不藏书,但与藏书圈稍有接触,印象是高者近儒,低者近丐,藉此成大学问者有之,只图蝇头小利者亦有之。至于民刊,主其事者多是热心人,为不少作者提供了发表作品的机会;但我觉得大多"民"的味道还嫌不足,好像属于"非主流"的"主流刊物"。

谢:《庄子》、《论语》现在很热,我当然知道这是虚火,你很早就对《庄子》、《论语》下过大功夫，也上过央视百家讲坛，你不介意谈谈对"讲坛现象"的看法吧？

止：在那样一个"语境"里，首先要考虑怎么把话说得热闹、能吸引人，很难认真深入地讨论问题。说得热闹，听得热闹，说完听完，也就完了。

谢：我注意到你的书评极少评论国内作品，倒是议论外国文学的居多，这是你不愿趋时凑热闹，还是中国当代文学不值一评？

止：我读中国当代文学，只到王朔为止；之后的作家的作品，之前与同时的作家后来的作品，几乎没有看过，所以不能评论。我读书不喜欢东翻一本，西翻一本，现在一下子又没有工夫集中精力读这类书。相对来说，看翻译过来的外国作品较多，偶有感想，发点议论。

谢：作家的长项是写作而不是讲话，这在电视网络时代吃亏不少，会写会说机会则更多，我注意到你在去年鲁迅逝世七十周年之际，在新浪网与鲁迅孙子周令飞一起回答网友提问的现场直播，你"说"的才能，对鲁迅熟知的程度，应变与机智，都给人深刻印象，你认为作家是否应在"讲话"能力上花点儿功夫？

止：我们读《战国策》、《世说新语》，或者《五灯会元》、《古尊宿语录》，真有"一言兴邦，一言丧邦"之感。不过对于书里人物来说，说话即为文章，动笔乃另一回事。以周氏兄弟而言，大先生口才好，二先生口才不好，可是文章都好。若论文章的"机锋"，二先生一点不弱。我自己直到大学毕业还说话脸红，后来在公司"历练"多年，才稍稍敢说话了，——但是文章是否因此就写得好点儿了呢，怕是未必。

谢：胡兰成的文章写得好，大多数读者知道有这么个人多是缘于你作序的那本《今生今世》，那阵子真是满城争说胡兰成，几年过去了，你是坚持还是修正序里的某些观点？我想，写序之时的想法和出书之后的想法，不会是完全一致的，怎么着也会受点儿外界的影响罢。

止：为《今生今世》作序之后，我写过一篇《再谈〈今生今世〉》，收在《相忘书》里，兹不赘言。只想补充一点：张爱玲与胡兰成相识，是在胡一九四三年底自汪伪政府去职之后；这对如何论定胡或无影响，对如何评价张恐有关系。论家于此，似乎向未留意。

谢：你算是文化领域的知名人士，那就免不了媒体的报道和人物专访一类的采访，有电话采访的，有登门带着录音笔的,有请到台里请到网站的,不管何种形式,最终都是要见报的见影的,钱锺书说的吃鸡蛋好就不必见母鸡的对策,在如今怕是太不近人情了,读者与作者之间也需要另外的沟通形式,你是拒绝任何形式的采访呢,还是有挑选地接受?

止:接受报刊采访,其实与发表文章相去不远。有些话题,专写文章不值当,接受采访说上几句,也就行了。另外我交谈比写文章容易得多,无须酝酿情绪。其间自然有所挑选,也与写文章一样:只能谈论自己了解同时也理解的事情;一知半解,最好缄口不言。

谢:我感觉你对自己的书的书名非常在意,甚至于诚心要让读者看不明白似的,如《六丑笔记》、《插花地册子》、《相忘书》、《罔两编》等,还听说你的《拾稗者》这个书名在"人踪书影文丛"这套书里,很不合群,出版社建议你改一个,你就是不改。书名真这么要紧,动都不能动?

止:我的书名不敢夸口说好,但都是用心起的,自有意思;不愿意改,无非这个原因。即以"人踪书影文丛"而论,别人有几种书名,我的确接受不了,但是人家可能自以为好,那么就"自适其适"罢。我曾经说,现代文学史上有些书名我很羡慕,包括鲁迅的《坟》,周作人的《秉烛谈》和《药味集》,废名的《莫须有先生传》,张爱玲的《流言》,等等。

但是这几位也有我不大喜欢的书名。譬如鲁迅的《热风》、《呐喊》、《彷徨》，周作人的《过去的生命》、《过去的工作》，张爱玲的《半生缘》、《余韵》。周作人的《秉烛后谈》，我也觉得无甚道理，"后"与"秉烛"是什么关系呢，"烛"是"秉"着还是没"秉"着呢。这书原来叫《风雨后谈》，要好多了，因为"后"与"风雨"相连，有道理，也有境界。他的《苦口甘口》和《立春以前》与《过去的工作》一样，都是取书中一篇文章为题，好像有点儿图省事，虽然这两个名字并不坏。但他有关鲁迅的三本书，书名实在一般，大概是不得不如此罢。

谢：这个问题和上面那个有点关系，《拾穗者》里有一辑"从小说到电影"，我知道你很喜欢看外国电影（现在看碟更方便看得更多更新），每天有固定的几小时是专门看碟时间。你的看碟似乎不像纯消遣，不断发表的"看碟之感"说明你是将看电影作为阅读方式之一的，这是阅读的多方位，还是阅读本来就应该包含目所能及的一切？

止：我是个"影迷"，就像也是"书迷"一样。看碟与看书，可以互相调剂。前次闹"非典"以来，每天晚上我都与母亲一起看一张碟，坚持至今。我写"看碟之感"并不多，因为对于电影，还不像对书（尤其是小说）那么了然于心，其间纵向和横向的关系还未完全把握,需要再多看一些才行。我本打算写一本《看碟读书》,挑选二十部小说,与据此改编的影片对照着看,讨论两种形式在叙述方法上的异同之处。结果只写了一半,就停笔了。

谢:我是不愿问生活问题的,借此机会问一个。我新近有个想法,一个人在社会(包括个人生活),不管何种制度,如果一直混得很好很顺很得烟抽,没经历困苦磨难,就不太值得大事声张。你在文章里透露过你的二哥一九七八年离家出走从此渺无音讯,这样的事若是发生在我身上会觉得比失去父母的打击来得还要沉重,你同意不同意我的感觉?

止:无论创造、荣耀、幸福还是痛苦,都千万不要太拿自己当回事儿。有些东西是不能与人分享的,当然更多情况是无人愿意与你分享。《论语·卫灵公》说:"子曰:'可与言而不与之言,失人;不可与言而与之言,失言。知者不失人,亦不失言。'"我非"知者",宁肯"失人",不愿"失言",不然可怜亦复可笑。说来多半是自言自语;很少与朋友交谈,偶尔写为文章。写文章是与不相识者讲话,自然不能什么都说。

谢:博客很时髦也很烂,你在新浪也有个博客,而且不时更新,很耐心地回答网友,这似乎与你的一贯作风不符,作家是否本该远离喧嚣的玩艺儿呢?

止:我觉得博客也是一种发表文章的方式,就像登在报刊上一样。这"玩艺儿"也许"喧嚣",无如我不喧嚣,其奈我何。此即《庄子·山木》所说:"物物而不物于物,则胡可得而累邪。"至于有网友跟帖,好比平常收到来信,礼貌起见,自应回答一下。

谢:你一共出版了(编的书也算)多少本书?哪些重版过?有读者试图全部收齐,有无可能?

止:迄今为止,写的书有十三种:《樗下随笔》、《如面谈》、《樗下读庄》、《六丑笔记》、《插花地册子》、《老子演义》、《不守法的使者》、《苦雨斋识小》、《沽酌集》、《向隅编》、《罔两编》、《神奇的现实》和《相忘书》。其中《插花地册子》、《神奇的现实》、《老子演义》、《樗下读庄》、《如面谈》各出过两遍,《不守法的使者》出过三遍。另有三种"选集":《俯仰集》、《怀沙集》和《止庵序跋》。《拾稗者》属于"半选集",前半"从作家到小说"选自其他几种集子,后半"从小说到电影"即写了一半的《看碟读书》,乃是首次面世。还有一种与人合写的《张爱玲画话》。另外一次与人合写,是为新发现的周作人佚著《近代欧洲文学史》所写注释,原文十万字,注释十八万字,大概不久可以面世。所编校的书有周作人著六十一种(包括《周作人自编文集》三十六种,《苦雨斋译丛》十六种,《周氏兄弟合译文集》四种),废名著两种,杨绛著一种,谷林著两种,先父沙鸥先生著两种。

谢:有些读者(包括我的大部分朋友)颇不以你的文章为然,还有的人持很反感的态度,这种情绪在网络上可以很快地蔓延,甚至演变为谩骂,这算不算文学批评的一种,里面有无合理的成份?

止:《庄子·天道》说:"子呼我牛也而谓之牛,呼我马也而谓之马。"在我看来是对待批评的最好态度。不过其间亦有区别:笼统批评,无论说好说坏,都无所谓;具体批评,则应重视。未必要"无则加勉",却不妨"有则改之"。举个例子,曾有署名"超哥"者,在《中华读书报》批评我对周作人《希腊神话》的翻译经过未能多所交待。其实这书我只是介绍出版,并非如其所说"总领其事"。但却给我提了醒儿,此后所出《苦雨斋译丛》各种,我就参与编校之事,并且在跋文中详细介绍相关情况。这样的批评求之不得。

谢:我很不同意一些人贴标签的作法,你写周作人写多了,就说你学的是周作人的路数;写废名多了,就是废名的路数，对此，想问一句：你是不是刻意地模仿过哪位作家的写作风格？换一个问法：你比较喜欢哪位作家的文风（笔）？你说过现在出的新书，只买谷林的著作。

止：我曾在《插花地册子》里交待过，自己写文章所受影响，有"正"、"变"两路，前者有《论语》、《颜氏家训》、周作人（废名附），后者有《韩非子》和鲁迅，此外还有历代诗话、词话、禅宗语录，以及近代学人的文史方面的论著，再就是某些外国作品的译文。我的确受周作人影响较大，但是并不单宗他一人，而且所受影响主要在写文章的态度上。人们好像对于这个"写文章的态度"重视不够，这又因为对于周作人了解不多——他最重要的贡献正在于写文章的态度，用他自己在《谈文章》里的话说就是："做文章最容易犯的毛病其一便是作态，犯时文章就坏了。我看有些文章本来并不坏的，他有意思要说，有词句足用，原可好好的写出来，不过这里却有一个难关。文章是个人所写，对手却是多数人，所以这与演说相近，而演说更与做戏相差不远。"了解不多、重视不够，要来批评、比较，很难说到点子上。我喜欢的散文家很多，《插花地册子》有一章专谈此事；若限于近二十年间，则最推崇杨绛、谷林两位。

谢：你现在是出版界的人了，身份的转变，有助于看清楚出版的现状和趋势，纸质出版物出版的前景是看衰还是看好，哪些质量的书籍的生存机遇预期较比乐观？

　　止：对于出版界的前景，我一点儿也不看好。现代人一求实用，二求简易；可以说人性的趋向如此，无可挽回。比起接短信、上网、看电视，读书这种获取信息的方式，显然最为繁难；而即便读书，人们也多抱实用目的。所以读书的人越来越少，不具实用性质的书尤其不大读了。好在此种衰落有个过程，终我辈一生，大概还到不了尽头呢。

二〇〇七年五月二十五日

《传奇》人物图赞

小引

我是一个"张迷",但我是"旁观者清"的"迷"。觉得张爱玲的《传奇》等,诚为中国小说登峰造极之作,——在她之前有鲁迅,之后好像就没有什么人了;她的《流言》,在中国散文中也当名列前茅,然而一向对此很少发表议论。却说《传奇》所收小说在杂志上发表时,张爱玲共为八篇绘有插图,依次为《茉莉香片》、《心经》、《倾城之恋》、《琉璃瓦》、《金锁记》、《年青的时候》、《花凋》和《红玫瑰与白玫瑰》。其中体现作者对于人物的某种把握,或有超出文字表述者,似乎未曾为论家所特别留意。现在就来谈谈看法。当然我并不认为这八篇都是作者最佳作品,此外所特别中意的还多;然而写的乃是"图赞",只能限定在此范围之内,别的只好另找机会谈了。又《传奇》一书五十年代在香港重印,已改名《张爱玲短篇小说集》;以后皇冠出版社推出《张爱玲全集》,又分为《倾城之恋》和《第一炉香》两册。这里仍袭用旧日书名,引文则据一九四六年十一月上海山河图书公司《传奇》增订本录出。

《茉莉香片》等篇,过去读过不止一遍,这回又都细细读过。一总有些印象,不妨趁便一谈。张爱玲的小说布局精巧,构思谨严,任你如何推敲,总归滴水不漏。而她驾驭语言真是得心应手,繁则极尽秾艳,简则极尽洗练,一律应付自如。张爱玲一并展示了中国小说和中文最美的收获,与一般有心无力或有力无心者,殊不可同日而语。论家每以题材渺小或狭隘为由,轻言她不够伟大,实为皮毛之见。无拘什么题材,全都有待开掘;伟大不在表面,在于对人性更深层次的揭示,而张爱玲把人性的善与恶都刻画到了极致。以此而论,还得服膺胡兰成从前所言:"鲁迅之后有她。她是个伟大的寻求者。"至于或嫌她未曾展现理想,塑造英雄,岂不知伟大深刻之处正在于此。张爱玲非但没有受到时代局限,反而超越了所处时代——她无非不骗自己,也不骗别人罢了。

一九四四年四月《杂志》第十三卷一期,刊有《女作家聚谈会》一文,载吴江枫问:"张爱玲女士的小说都是自制插图的,非常精美,不知张女士对于小说中的插图有什么意见?又喜欢那一位画家的插图?"张爱玲答:"小说中的插图，我最喜欢窦宗淦先生的。普通一般的插图，力求其美的，便像广告图，力求其丑的，也并不一定就成为漫画。但是，能够吸引读者的注意力，也就达到一部分的目的了。"那么她所画插图，是为既不美化，又不丑化，力求其真的一路。所说"能够吸引读者的注意力"，单就艺术手段而言，旨在强调小说某些内容，尤其是人物形象特征。由此亦可得知，形象描写作为她塑造人物之重要手段，具有特别意义。张爱玲所写所绘，一概烂熟于心，显出揣摩工夫非同一般；绘画技巧又确实不俗，端的文笔到，画笔也到，足以相得益彰。

写作之时，北京大疫流行，出门受限，访客绝迹。历年搜集的有关资料，大半留置城内旧宅，一时无法取得，手边所有者寥寥无几。其中唐文标《张爱玲研究》、水晶《张爱玲未完》和张健《张爱玲新论》诸书，殊浅薄不足道；水晶的《张爱玲的小说艺术》，虽然较为着力，但也不无牵强。傅雷的文章《论张爱玲的小说》立场近乎可笑，绝非公允之作；胡兰成的《评张爱玲》、《张爱玲与左派》及夏志清《中国现代小说史》和耿德华《被冷落的缪斯》中的有关章节，洵为知人之言，惟篇幅有限，难以面面俱到。此番只好自说自话；其为他人所一再道及者，不再重复。然则所见既寡，虽力求独出心裁，仍不免拾人牙慧。好在此非正式论文，不过就张爱玲笔下若干人物略说一点感想罢了。

李焱、刘宏、万燕诸兄，通过电子邮件给我不少帮助。《诗》云："嘤其鸣矣，求其友声。"幽居日久，不无感触；借此纸端，以志鸣谢。

"图赞"之外，还把过去所写几篇短文辑为"看张小集"。有的话题那里谈过了，现在就少说一点儿，以免辞费。迄今为止我关于张爱玲的文字，全数在此；实在谫陋寒酸得很，俟之他日用功好了。

二〇〇三年九月二十二日

[补记]"看张小集"各篇分别收入我的其他随笔集中，为避重复，悉从删略。

二〇〇七年九月二十二日

《茉莉香片》

《茉莉香片》原载一九四三年七月《杂志》第十一卷四期,有插图两幅。第一幅被用作题图,画的是聂传庆与言丹朱。关于二人,本文云:"后面那一个座位上坐着聂传庆,一个二十岁上下的男孩子。说他是二十岁,眉梢嘴角却又有点老态。同时他那窄窄的肩膀和细长的脖子又似乎是十六七岁发育未完全的样子。他穿了一件蓝绸子夹袍,捧着一叠书,侧着身子坐着,头抵在玻璃窗上,蒙古型的鹅蛋脸,淡眉毛,吊梢眼,衬着后面粉霞缎一般的花光,很有几分女性美。惟有他的鼻子却是过分的高了一点,与那纤柔的脸庞犯了冲。""言丹朱大约是刚洗了头发,还没干,正中挑了一条路子,电烫的发梢不很鬈了,直直的披了下来,像美国漫画里的红印度小孩。滚圆的脸,晒成了赤金色。眉眼浓秀,个子不高，可是很丰满。……一件白绒线紧身背心把她的厚实的胸脯子和小小的腰塑成了石膏像。"

画中所绘，正是小说开头不久，"她一上车就向他笑着点了个头，向这边走了过来，在他身旁坐下。"但是上面关于聂传庆的描写，本在言丹朱上车之前；现在两个人说话，怎么他还是"侧着身子坐着，头抵在玻璃窗上"。多半为了强调传庆和丹朱——其实不光和她，是和所有的人，和这整个世界——之间的隔阂。

说"隔阂"也许嫌轻，传庆是被禁锢着。小说中有个关于"绣在屏风上的鸟"的著名意象，形容的是他的母亲冯碧落；其实传庆也一样："屏风上又添上了一只鸟，打死他也不能飞下屏风去。"母亲"死也还死在屏风上"；他呢，是禁锢在屏风上的活鸟，"跑不了！跑不了！"传庆一言以蔽之，就是"脱逃"。不过，"他跟着他父亲二十年，已经给制造成了一个精神上的残废，即使给了他自由，他也跑不了。"那么能在自己心里脱逃，也就行了。

《茉莉香片》和接下来的《心经》、《金锁记》、《年青的时候》、《花凋》、《红玫瑰与白玫瑰》等，也许还有《倾城之恋》的一部分，都属于"心理分析小说"——附带说一句，这也是继鲁迅《阿Q正传》以后，中国小说在这方面的真正收获。这路小说的核心是心理先于现实。一切都起始于头脑之中，人物为一个或简单，或复杂，或起初简单而后变得越来越复杂的念头所驱动，在自己的内心世界左右奔突，寻求出路；外部世界不过先是为此提供必要条件，而后转化成为阻遏，以及进一步所施加的压力。其中又以《茉莉香片》里的传庆为甚，外部行为只是心理活动的最后也是最无奈的一步；他只做过一件事，就是小说结尾处对丹朱大打出手。然而他实在逼不得已，环境——外在的，心理的，前者经后者而被放大——对他压迫得太厉害。除此之外，小说里几乎没有别的事件发生。

小说形容传庆的思维方式，说是："吃了一个'如果'，再剥一个'如果'……"最为深刻不过。现实没有出路，他为自己硬想出一条路来。父亲，后母，整个家庭，学校，言子夜，还有自己，都是他无可抵御的压迫；最终却择定全然无辜的丹朱，作为唯一突破的缺口："有了你，就没有我。有了我，就没有你。"公共汽车上丹朱说出自己父亲的名字，本来再寻常不过；可是这就种下恶果，几乎丢了性命。似乎全不搭界的事情，在传庆却是理所当然；因为他有他的逻辑，他按此去想，去做。难得的是张爱玲写得如此周全，简直丝丝入扣。自始至终都是他自说自话，即便付诸实施时也如此，所以才无懈可击。这让人联想到陀思妥耶夫斯基的《罪与罚》；传庆的想法、做法，正是"拉斯柯尔尼科夫式的"。这一心理过程，不妨称为疯狂；其实张爱玲笔下许多人物亦然，不过方向、程度不同罢了。

  但是这里所发生的一切——无论传庆的想法还是行为——都是徒劳。小说结末说："他跑不了。"那么就又回到起点，传庆命定是"打死他也不能飞下屏风去"的那只鸟。不过事已至此，他又如何面对，如何承受。张爱玲依照传庆的思维方式，一直推到极致之处，有如悬崖绝壁；把他留在那儿，就撒手不管了。小说戛然而止，真正令人绝望的却在其后。

  《茉莉香片》中，别的人物都是传庆的对象。他揣想他们；他们自己如何想法，全无所谓。他认定他们怎样，便是怎样。对于他的狭小世界来说，别人都是四周那坚硬无比而且愈加迫近的高大墙壁。丹朱也是这样。按照传庆的想法，"她根本不该生到这世上来，他要她回去。"但她像别人一样浑然无知；而且试图进入他的世界，向他援之以手。我们由此看出她的可爱；传庆则认为可恨，该死。他因此选择她作自己反抗整个世界的对象。"丹朱是一个善女人，但是她终是一个女人。"作为前者，她接近他；作为后者，她不懂得及时脱身。

  张爱玲在《到底是上海人》里说："我写的故事里没有一个主角是个'完人'。只有一个女孩子可以说是合乎理想的，善良,慈悲,正大,但是,如果她不是长得美的话,只怕她有三分讨人厌。美虽美,也许读者们还是要向她叱道:'回到童话里去!'在《白雪公主》与《玻璃鞋》里,她有她的地盘。"我同意万燕的推测,所指正是丹朱。童话里的丹朱,对于现实来说多此一举;而在传庆的"童话"里,她成了妖魔鬼怪。"他知道她没有死。知道又怎样?有这胆量再回去,结果了她?"小说写到此处,真是杀气腾腾。然而,"在这一刹那间,他与她心灵相通";丹朱濒死之际,有如他的一生。在传庆的逻辑里,张爱玲比他走得还远;传庆却胆怯了,他只能自作自受。

丹朱纯洁得简直没有一丝缺点;离开传庆的逻辑,她的际遇也就毫无道理可言——完全是《明天》里单四嫂子式的无辜,而张爱玲正有鲁迅那种残酷之美。可是传庆既然疯狂,丹朱就得做疯狂的牺牲。她最后给我们的印象,是"恍惚可以听见她咻咻的艰难的呼吸声";其实丹朱可爱之处,正在于她的无辜。不知道以后她可明白,怎会落到这般下场。小说结末处说:"丹朱没有死。隔两天开学了,他还得在学校里见到她。"她好像完全退到传庆的对象位置上去了,就像整个世界一样。

第二幅画的是冯碧落与言子夜。关于二人,本文云:"她的前留海长长地垂着,俯着头,脸庞的尖尖的下半部只是一点白影子。至于那隐隐的眼与眉,那是像月亮里的黑影。……她婚前的照片只有一张,她穿着古式的摹本缎袄,有着小小的蝙蝠的暗花。""言子夜是苍白的,略微有点瘦削,大部分的男子的美,是要到三十岁以后方才更为显著,言子夜就是一个例子。算起来他该过了四十五岁了吧?可是看上去要年轻得多。……那宽大的灰色绸袍,那松垂的衣褶,在言子夜身上,更加显出了身材的秀拔。"

小说写到冯家拒绝言家托人说亲,"然而此后他们似乎还会面过一次。"这幅画里所绘,大约就是当时情景,然而却是多年过后,传庆的一番揣想。碧落即如所保存的照片上那样;子夜却是现在传庆在课堂上所见打扮。当他走上讲台,"传庆这是第一次感觉到中国长袍的一种特殊的萧条的美。"在传庆的头脑中,这个印象与照片里昔日的母亲结合一起了。

碧落早已死了。传庆让她在自己心中复活,其实这个人物就是他自己。"像梦里面似的,那守在窗子前面的人,先是他自己,一刹那间,他看清楚了,那是他母亲。"他把母亲不幸的一生,细细地重活一遍,重温着她的痛苦,"在他母亲心里的一把刀,又在他心里绞动了。"努力找寻摆脱她以及自己的痛苦的可能,"他方才知道:二十多年前,他还没有出世的时候,他有脱逃的希望。"于是他要弥补她当年所失去的机会。这样母亲就又反过来重新活在他身上,他成了"碧落－传庆",一个鬼与人的结合体。

传庆在现实里孤立无援,求助于冥冥之中,目标仍在一己的现实世界。然而死去的碧落能不藉此一舒毕生愤懑。对象是子夜,他那未露面的妻子,他的女儿丹朱——她们一个占了她的位置,一个占了她儿子的位置。末了传庆暴打丹朱,难道其中没有几分她的力气。以传庆的想法,"碧落只爱过他一个人……"冥冥之中,她是死不瞑目的鬼。

可是碧落终究要再次抛弃她的儿子——上一次抛弃他是生下了他——回到自己待久了的地方:"她是绣在屏风上的鸟——悒郁的紫色缎子屏风上,织金云朵里的一只白鸟。年深月久了,羽毛暗了,霉了,给虫蛀了,死也还死在屏风上。"

子夜是传庆唯一能够投靠的所在,现在成了对他的最大压迫。他倾慕子夜,子夜却严厉地训斥他。对传庆来说,问题不在现实之中——这里的子夜,是"一个经历过世道艰难,然而生命中并不缺少一些小小的快乐的人";问题在于过去。张爱玲笔下有着最严格的因果律,谁也逃脱不了。子夜欠传庆的——传庆的母亲未能和他结婚,所以传庆未能做成他的儿子——应该多少给予补偿。他应该为聂传庆之为聂传庆承担一点责任。"传庆听他这口气与自己的父亲如出一辙,忍不住哭了。"这就是传庆的要求:有一点儿不"如出一辙"

就够了。"他不要报复,只要一点爱——尤其是言家的人的爱。"但是子夜做不到,因为他不知道。"他还记得冯碧落吗?记也许记得,可是他是见多识广的男子,一生的恋爱并不止这一次……"现在他只是个好教授,好父亲——可惜不是传庆的。

然而传庆到底不曾怨恨子夜,这曾经可能成为他的父亲的人。丹朱说:"传庆,你若是原谅了他……"实在无知极了;单凭这句话,她就该打杀。在传庆看来,子夜也被禁锢着——被他看不见的言夫人,被他常看见的言丹朱。"言子夜夫人的孩子,看着冯碧落的孩子出丑。"传庆要把他从她们那儿解救出来——同时解救了自己。传庆对丹朱复仇,同时是对她母亲复仇,也是替自己母亲复仇。子夜对他来说,好比就是战场。

二〇〇三年五月三日

《心经》

《心经》原载一九四三年八至九月《万象》第二期、第三期,有插图三幅。第一幅画的是许小寒与段绫卿。本文云:"小寒穿着孔雀蓝衬衫与白裤子,孔雀蓝的衬衫消失在孔雀蓝的夜里,隐约中只看见她的没有血色的玲珑的脸,底下什么也没有,就接着两条白色的长腿,她人并不高,可是腿相当长,从栏干上垂下来,格外的显得长一点。她把两只手撑在背后,人向后仰着。她的脸,是神话里的小孩的脸,圆鼓鼓的腮帮子,小尖下巴。极长极长的黑眼睛,眼角向上剔着。短而直的鼻子。薄薄的红嘴唇,微微下垂,有一种奇异的令人不安的美。""一个颀长洁白,穿一件樱桃红鸭皮旗袍的是段绫卿。"

这里所绘情景是许小寒生日晚会上,她和段绫卿"两人走到一张落地大镜前面照了一照,绫卿看上去凝重些,小寒仿佛是她立在水边,倒映着的影子,处处比她短一点,流动闪烁"。二人面貌相似,衣着不同;镜子里,左边是小寒,右边是绫卿。

小说开头,小寒一连七句话,句句都是"我爸爸";同学说:"只听见她满口的爸爸长爸爸短。"她爱她爸爸,爸爸许峰仪也爱她——不是父女之爱,而是男女之爱;或者说,父女之爱早已转为男女之爱。"像我这样的家庭,的确是少有的。"在张爱玲笔下并不少有,尽管那是别样的畸形;相比之下,《心经》畸形,并不复杂。

可是小寒二十岁了,危机不期而至。"你怕你长大了,我们就要生疏了。"父女二人俱已感到。"我是一生一世不打算离开你的。"小寒所以如此,因为除了峰仪,她已经不会再爱别人了。"她爸爸就是这条藤,他躲开了她又怎样?"末了她痛苦地对母亲说:"你早也不管管我!"小寒是"神话里的小孩"——自己臆想的"神话"里的"小孩"——一旦面对人间,也就没了退路。怪不得母亲说她"不过是一个天真的孩子"。

小寒不打算离开峰仪,峰仪却未必不打算离开她;她想留住他,想尽一切办法,但却无能为力。小寒丧失了峰仪的爱,也就丧失了一切;唯一存留的是母亲的爱,可是对此她却接受不了。"她犯了罪。她将她父母之间的爱慢吞吞的杀死了,一块一块割碎了——爱的凌迟!"现在那被凌迟的对象重新拼合起来,反过来施爱给她,这才是她人生最大的失败。她对母亲说:"你——你别对我这么好呀!我受不了!我受不了!"

最终小寒还得走上母亲为她安排的出路,因为别无出路;她被送到三舅母那里,正是刚出生时就打算送去的地方。小寒也退回到起点。"定下心来,仔细想想,"兴许还有机会重新活过一生。

绫卿的关键之处,无非两点:一是她和小寒"长得有点像";一是她的态度:"任何人……当然这'人'字是代表某一阶级与年龄范围内的未婚者……在这范围内,我是'人尽可夫'的!"对于这个故事来说,这就够了。

当然绫卿的做法有她自己的缘由:"我是给逼急了……"于是"未婚者"也可以变通为"已婚者"。在许家的情感变故中,她以局外之人,得到了所希望得到的一切;也许事出意外,也许只是暂时如此。但是,"绫卿不会怎样吃苦的。"在张爱玲笔下,绫卿也算健全的人,她的爱未必不是健全的爱。

第二幅画的是许小寒与许峰仪。关于许峰仪,本文云:"她父亲是一个高大身材,苍黑脸的人。"

《心经》所截取的一段，已是小寒与峰仪的故事的尾声。其间他们仍然一再见面，就像别的家庭里的女儿和父亲一样。但是有关文字描述，却无一处与画中所绘情景尽皆相合。第一次，生日晚会之后，小寒送绫卿回来，是在客室，"她父亲已经换了浴衣拖鞋"，而小寒应该仍是小说开始时描写的那身装束，两人的服装都不对。第二次，"第二天，他父亲办公回来了又在沙发上看报，她坐在一旁"，姿势不对；然后她"走到洋台上去"，峰仪"跟到门口去，可是两个人一个在屋子里面，一个在屋子外面"，位置不对；以后小寒"缓缓走到洋台边上"，"峰仪跟了出来"，位置不对；以后"峰仪回到屋子里去了"，小寒还在阳台上，位置也不对。第三次，二人先在电梯里见面，位置不对；继而峰仪"往他的书房里去了"，当他要出来时，小寒把他堵在房间内，此后峰仪始终是站着的，姿势不对。画里峰仪显得心事重重，该是在感慨"我但凡有点人心，我怎么能快乐呢"之后。这里小寒一副肉体诱惑的样子，或许并非描摹具体某个场面，而是刻画峰仪的心境。

发现"你们两个人长的有点像"的是峰仪——对他来说，问题一下都解决了。峰仪爱自己的女儿，他说："我……我们得想个办法。"办法是找个替代物，于是绫卿派了用场。"至于别的女人……她爸爸不是那样的人！"小寒想的既错也对，绫卿并不是一般的"别的女人"。"我是极其赞成健康的，正常的爱。"峰仪话虽这么说，底牌却未亮出：他还爱着女儿，至少爱着她的样子；现在他把绫卿当作小寒来爱。

小寒则被峰仪视如敝屣，从此不管不顾。小寒爱情的车卡住了，开不动了；峰仪爱情的车继续往前开。峰仪是个一意孤行的人，却不打算让自己翻车，甚至不打算从这车上掉下太多东西。"但是我有妻子！"他没忘记这一点。小寒说："你哪里有点人心哪——你是个禽兽！"至少对她来说，的确如此。自从绫卿登场，小寒就像是被窃去了灵魂；虽然绫卿与她相仿佛的是肉体，但是峰仪无心辨别了。

相比之下，小寒也找了个替代物龚海立，可是无论对峰仪，还是对她自己，都毫无用处。海立做不了小寒的峰仪。没人要他。

第三幅画的是许小寒与许太太。关于许太太，本文云："许太太穿了一件桃灰细格子绸衫，很俊秀的一张脸，只是因为胖，有点走了样。眉心更有极深的两条皱纹。"

在杂志里，这幅画原来用作连载的小说下半的题图。或许提示我们，母女俩的关系，才是小说的核心所在。此情此景，最接近结末处小寒"半夜里醒了过来，只见屋里点着灯，许太太蹲在地上替她整理衣箱"；但是许太太手里的东西，又像前面提到的"一卷挑花枕套"。姑且不去计较好了。

画里小寒面对我们,许太太背着身子;小说写到二人,笔墨一浓一淡,恰恰与此相合。但是小寒尽管声张,却是不堪一击;许太太若是转过脸来,我们该看见一副什么表情。开头小寒的同学问:"她母亲呢?还在世吗?"这个人物不彰不显,似乎可有可无;然而渐渐有了力量,最终控制局面的竟是她。为此蛰伏了许久,也蕴蓄了许久,用她的话说:"比这个难忍的,我也忍了这些年了。"她忍的是自己的女儿。小寒说:"你别得意!别以为你帮着他们来欺负我,你就报了仇——"谁敢断言一点没有让她说着。许太太比谁都有定力,头脑永远清楚。

然而许太太"两害之间取其轻",而且害就是利:得以从此救出女儿。作为母亲,也是理当如此。《心经》是张爱玲离人之常情最远的作品,但在这一点上,她也写出人之常情。另外对于小寒"你以为绫卿真的爱上了你?……你别以为她是个天真的女孩子!"的判断,许太太未必没有同感。真的与假的若让她挑选——其实她无从挑选,只是不加干预罢了——她宁肯要那假的。因为假的后面还有希望:"爱,也不过短短的几年。"过了这"短短的几年",不爱的日子都属于她。小寒说:"她们只是爱着同一个男子的两个女人。"对她来说是如此;对许太太来说,未必完全着调。

峰仪告诉小寒:"二十年了……你生下来的时候,算命的说是克母亲,本来打算把你过继给三舅母的,你母亲舍不得。"许太太哪儿知道,竟是这种克法。最终倒是天遂人愿,大家都去做早该做的事;只是二十年白白过去了。

二〇〇三年五月五日

《倾城之恋》

　　《倾城之恋》原载一九四三年九至十月《杂志》第十一卷第六期、第十二卷第一期，有插图三幅。其中两幅画的都是白流苏，一是她的头像，在小说开始部分："她那一类的娇小的身躯是最不显老的一种，永远是纤瘦的腰，孩子似的萌芽的乳。她的脸，从前是白得像瓷，现在由瓷变为玉——半透明的轻青的玉。下颔起初是圆的，近年来渐渐的尖了，越显得那小小的脸，小得可爱。脸庞原是相当的窄，可是眉心很宽。一双娇滴滴、滴滴娇的清水眼。"

　　白流苏跟徐太太谈话后，"上了楼，到了她自己的屋子里，她开了灯，扑在穿衣镜上，端详她自己。"这就是她的所见。对于流苏来说，有如一番自省；此前此后，完全是两个人。

小说中流苏出场很早。徐太太晚上来访,"洋台后面的堂屋里,坐着六小姐,七小姐,八小姐,和三房四房的孩子们,这时都有些皇皇然。"混在人群里面,流苏原本浑浑噩噩,却也无须单独面对什么。前夫死讯传来,她突然被推了出去,面临空前的生存危机:"这屋子里可住不得了!……住不得了!"她得想想自己剩下什么条件,能够应付这一切。"还好,她还不怎么老。"流苏的过人之处,是该明白时能明白。"他们以为她这一辈子已经完了么?早哩!"她后来这么想;可是原先她跟"他们"的想法一样,曾亲口说:"我这一辈子早完了。"反正自此之后,一切不同以往。"她忽然笑了——阴阴的,不怀好意的一笑,……"无异宣布开始一场"流苏之战"或"婚姻之战"。正如徐太太所说:"找事,都是假的,还是找个人是真的。"那么目的就很明确:流苏要让一切落到实处。"一个女人,再好些,得不着异性的爱,也就得不着同性的尊重。"且先踏踏实实从这第一步做起。

　　小说中引发危机的是徐太太,带来转机也是她。"转机"就是把别人的机会转到自己这里,流苏做的确实令人"刮目相看,肃然起敬"。她发现自己的长处不止"还不怎么老"——其实那也就是成熟,范柳原取她而舍宝络,与此当不无关系;她还会跳舞,白家别人没有这副交际手段。这是她那失败了的婚姻尚且留下的遗产之一，此外就是"还不怎么老"的自己，以及她足够的生存智能。流苏"也是喜欢赌的"；能派用场的，这回都押上了，似乎有希望赢得一个小小的天下——流苏所要求的，对这世界来说不多，对她来说却也不少。

流苏遇见的是柳原；幸与不幸，都在这里。柳原单身，阔绰，有眼光，有品位；流苏要的他都能给，他却只给他肯给的。"他要她，可是他不愿意娶她。"柳原爱玩的是"上等的调情——顶文雅的一种"，为此可以不计成本；金钱，时间，精力，他有的是。然而这绝非流苏的目的所在，她不能降格以求，"她如果迁就了他，不但前功尽弃，以后更是万劫不复了。""你也顽固，我也顽固，"他人眼里，二人似乎在没完没了调情；其实他们是守住自己的立场，"两方面都是精刮的人，算盘打得太仔细了，始终不肯冒失。"

流苏花的是柳原的钱；她也可以拼着精力，但拼不起时间："她可禁不起老！"不能落实，她怕一概落空。流苏绝非等闲之辈，可是她去香港，回上海，再去香港，哪一步都谈不上主动。这里看出她有她的限度——当然换一个人更是这样。掌握主动权的始终是柳原。待到流苏终于成了情妇角色，心想："……她跟他的目的究竟是经济上的安全。这一点，她知道她可以放心。"张爱玲差不多已经讲完了一个不甘沉沦的女人——正对应着那句话:"一个女人,再好些,得不着异性的爱,也就得不着同性的尊重。"——无可奈何地走向失败的故事。"她管得住她自己。但是……她管得住她自己不发疯么?"流苏几乎就要踏上《传奇》中其他人物的路了。

另一幅是白流苏的泳装半身像。小说写流苏和范柳原在浅水湾海滩上晒太阳,然而这幅画却难以确切对应某一处具体文字。开始时"他们并排坐在沙上",图中所绘,显然不是"坐";多半还在柳原说"我们可以到凉棚底下去"之后,或许那时流苏躺下了也未可知。但是图中所绘并无背景,也就不能坐实。这里流苏眼睛闭着,该是晒太阳,不像打蚊子。原文关于后者颇有一番描写,然而无法利用。

他们晒太阳时,"流苏渐渐感到那怪异的眩晕与愉快,"大概这里所画,就是此时柳原所"感到"的流苏,或许与此前有关她的想法也相去不远:"有的人善于说话,有的人善于笑,有的人善于管家,你是善于低头的。""你看上去不像这世界上的人。你有许多小动作,有一种罗曼谛克的气氛,很像唱京戏。"他当然知道她的好处,但这是对他而言的好处,而不是对她自己而言的好处。

柳原说过:"无用的女人是最最厉害的女人。"流苏淋漓尽致地向他展示了自己"最最厉害的女人"的一面,亏得他真喜欢她,也真喜欢玩,能够受得了。可待到流苏再回香港,好事做成,她也就剩下"无用的女人"的一面了。柳原说流苏"特长是低头";"低头"于"最最厉害的女人"或为手段,于"无用的女人"则是实情。然而"柳原是一个没长性的人","上等的调情"结束了,他也该走了——也许下一场戏在等着他。

也许此前柳原不该无端发些议论:"有一天,我们的文明整个的毁掉了,什么都完了——烧完了,炸完了,坍完了,……流苏,也许你会对我有一点真心,也许我会对你有一点真心。"真是一语成谶。以为"这一天"遥不可及,谁知就落在柳原行将离开流苏之际。"这一炸,炸断了多少故事的尾巴!"别人的事不管,流苏确实如此。"香港的陷落成全了她。"这叫做"人算不如天算"。其实流苏早已无所作为,随波逐流,现在与从前倒也相差无几;关键是连柳原也不能有所作为了。柳原"终身躲在浪荡油滑的空壳里"(《关于〈倾城之恋〉的老实话》),可"空壳"忽然打破,他"躲"不住了。对于柳原来说,这是一个有关自由的限定性的故事:人太随心所欲了,也就不能落到实处;而柳原不能落到实处,流苏也不能落到实处。

当然人的感受有所不同。"在这一刹那,她只有他,他也只有她。""在这动荡的世界里,钱财,地产,天长地久的一切,全不可靠了。靠得住的只有她腔子里的这口气,还有睡在她身边的这个人。"这是张爱玲写过的最结实的话。这样的意思,从前柳原想不到,因为他太得意;流苏即便想到了,也没用处。流苏的好处,在于此时此刻能够呼应或契合柳原——所谓"一刹那的彻底的谅解"——这也是难能可贵的。

故事结末处说:"流苏并不觉得她在历史上的地位有什么微妙之处。"张爱玲说:"流苏实在是一个相当厉害的人,有决断,有口才。"(《关于〈倾城之恋〉的老实话》)可是取得成功,并非真正依靠这些。"流苏的失意得意,始终是下贱难堪的,如同苏青所说:'可怜的女人呀!'"(《罗兰观感》)她不过是"可怜的女人"中的一个幸运者而已。"也许就因为要成全她,一个大都市倾覆了。"然而谁敢把她奉为楷模。"柳原与流苏的结局,虽然多少是健康的,仍旧是庸俗;就事论事,他们也只能如此。"(《自己的文章》)但是流苏不管这些。"柳原现在从来不跟她闹着玩了,他把他的俏皮话省下来说给旁的女人听。"仿佛接着走上曾经被战争所阻断的旅途;流苏也不管这些,他给她留下她想要的一切就行了。

还有一幅，画的是萨黑荑妮的侧面像。本文云："流苏先就注意到那人的漆黑的长发，结成双股大辫，高高盘在头上。那印度女人，这一次虽然是西式装束，依旧带着浓厚的东方色彩。玄色轻纱氅底下，她穿着金鱼黄紧身长衣，盖住了手，只露出晶亮的指甲。领口挖成极狭的V形，直开到腰际，那是巴黎最新的款式，有个名式，唤做'一线天'。她的脸色黄而油润，像飞了金的观音菩萨，然而她的影沉沉的大眼睛里躲着妖魔。古典型的直鼻子，只是太尖，太薄一点。粉红的厚重的小嘴唇，仿佛肿着似的。"

这是流苏被柳原带出香港饭店，迎面看到的萨黑荑妮的样子。柳原认识她尚在与流苏相会之前，与她"厮混"却好像是在此后；"厮混"与"上等的调情"区别何在，无从得知，然而有一次柳原对流苏说："我看你从今以后是不是预备待我好一点。"至少他要藉此惹得流苏"吃醋"。这也就是萨黑荑妮在小说里的真正用处，除此之外，顶多算是流苏的一个替代物罢。

但是萨黑荑妮的下场，却比流苏差得太远。她和柳原一样都是盛世的人，不像流苏，等到乱世才能发迹。盛世的人在乱世都沉了底。然而柳原是男人，又有钱；沉底之后，正好与流苏结为"平凡的夫妻"。乱世过去，他还可以浮上来；只不过身为"有妇之夫"，不能再玩得过头罢了。萨黑荑妮这样的女人,可就沉入了无底深渊。柳原见着萨黑荑妮,想起该和流苏结婚,大概忽然对人生有所感悟——他明白流苏何以非得要让一切落实不可了。

二〇〇三年五月四日

《琉璃瓦》

　　《琉璃瓦》原载一九四三年十一月《万象》第五期,有插图两幅,其一画的是琤琤:"三朝回门,琤琤卸下了青狐大衣,里面穿着泥金缎短袖旗袍。人像金瓶里的一朵栀子花。淡白的鹅蛋脸;虽然是单眼皮,而且眼泡微微有点肿,却是碧清的一双妙目。"其一画的是曲曲:"曲曲比琤琤高半个头,体态丰艳,方圆脸盘儿,一双宝光璀璨的长方形的大眼睛,美之中带着点犷悍。"

　　这里琤琤也好,曲曲也好,都是父亲姚先生眼中所见;姚先生生养女儿,目的全在"她们的前途",亦即出嫁。所以哪个女儿结了婚,或该结婚了,他就看到她,无论琤琤,还是曲曲。她们还有妹妹心心,张爱玲没画,大概姚先生已经顾不上细细端详了。

张爱玲写这篇小说，笔调有些变化：不再与人物那么切近，而是俯瞰他们的喜怒哀乐。都是些凡夫俗子；喜怒哀乐是他们的人生大事，于这世界则微不足道。通篇最重的是末了一笔："他想他活不长了。"然而姚先生离死还远，这里所有的人离死都还远。走向人生时，琤琤和曲曲都不免自负使气；可谁知道什么样的结局在等着她们。有朋友说，"《琉璃瓦》中的人物看了是令人不关心的，一群文字所引发的就那么一点点同情，就给那个做爹的好了。"姚先生在看他的女儿们，现在让我们来看他。

小说开头，有段话近乎命题："女儿是家累，是赔钱货，但是美丽的女儿向来不在此例。姚先生很明白其中的道理；可是要他靠女儿吃饭，他却不是那种人。"然而其间的因果关系却不比寻常：要先坐实了后面一句，前面一句才能成立。"关于她们的前途，他有极周到的计画。"可是姚先生没想到，谁也不相信他。女儿们——以及女婿之流——认为，"极周到的计画"多半只关乎他自己的前途，没准反倒因此害了她们。琤琤只记住当初他所打的保票；曲曲则断言："你道我摸不清楚你弯弯扭扭的心肠！"自始至终，姚先生都不被人理解，"白操了半天心"。"美丽的女儿"对他来说，到底还是"家累"，还是"赔钱货"。

张爱玲以近乎轻松的笔调，写了"可怜天下父母心"这个大题目。她曾说，所写的作品中，"她自己最不惬意的是《琉璃瓦》和《心经》，前者有点浅薄，后者则是晦涩。"(《〈传奇〉集评茶会记》)可是也不妨引她别的话来辩解："我对于通俗小说一直有一种难言的爱好；那些不用多加解释的人物，他们的悲欢离合。如果说是太浅薄，不够深入，那么，浮雕也一样是艺术呀。"(《多少恨》)至于《琉璃瓦》是否"通俗小说"，姑且不论。

其实我们未必不能多个想法：刚刚嫁琤琤时，或者更早些，姚先生夸耀自己的女儿是"琉璃瓦"时，难道他真的一点没替自己打算。——即便有过，也让后来一而再的不如意打消掉了。姚先生是平民里的圣人，他的宝贝女儿们最终使他纯洁得几乎透明。再看末了那句："他想他活不长了。"记得当初他何其生意盎然，踌躇满志；想来除了"可怜"二字，没有别的话好形容了。

[附记]

在皇冠版《张爱玲全集》中，"琤琤"改名为"静静"。

二〇〇三年五月四日

《金锁记》

《金锁记》原载一九四三年十一至十二月《杂志》第十二卷第二、三期,有插图四幅。第一幅题"曹七巧"。起坐间里,"众人低声说笑着,榴喜打起帘子,报道:'二奶奶来了。'"大家见到的曹七巧,就是这副模样。如本文所描写的:"那曹七巧且不坐下,一只手撑着门,一只手撑住腰,窄窄的袖口里垂下一条雪青洋绉手帕,身上穿着银红衫子,葱白线镶滚,雪青闪蓝如意小脚裤子,瘦骨脸儿,朱口细牙,三角眼,小山眉,四下里一看,……"

七巧未及登场,谁都不说她一句好话;此后她也始终不打算给人留下任何好印象。张爱玲说:"我的小说里,除了《金锁记》里的曹七巧,全是些不彻底的人物。"(《自己的文章》)"彻底"亦即"彻底破坏"——破坏一切,包括自己在内。然而在七巧成为二奶奶后的第一阶段——也就是拥有自己的财产之前——她的破坏尚且缺乏方向,不能算是"彻底";小说讲她"嘴这样敞,脾气这样燥","人缘这样坏",无非随便找个由头出口怨气罢了。

这一阶段,主要还是七巧被破坏或被造就的阶段。她不住诉说自己的苦,可是姜家上下好像没人要听;他们接纳她,容忍她,就是要她受这苦的。这是一种契约关系。对此她心里明白,只是感官忍受不了——忍受不了,也得忍受。她确实"满腔幽恨"。当她提到自己的丈夫:"你碰过他的肉没有?是软的、重的,就像人的脚有时发麻了,摸上去那感觉……"那一刻她才在我们眼前坐实了。以后许多人,包括七巧在内,都要为她受过的感官之苦付出代价;七巧还是从前那颗心,感官却已死了。她这才变得"彻底"了。

"七巧有一个疯子的审慎与机智。"这是后话;七巧愈来愈成为"一个疯子",她的"审慎与机智"却一贯如此。她知道自己付出了什么代价;她也知道付出这些代价,是要换来什么。分家"是她嫁到姜家来之后一切幻想的集中点",却归结为"孤儿寡母还是被欺负了";然而这是七巧的感受,她当然不满足了。的确少分得几件首饰,但就此打消了觊觎她田产的"主意",难道不算丢卒保车。七巧岂是寻常"孤儿寡母",由人"欺负"。

"这些年了，她戴着黄金的枷锁，可是连金子的边都啃不到。这以后就不同了。"七巧得到了她应该得到的，她要保住它不被夺去；她的第二阶段由此开始。终于有了破坏对象：破坏那企图破坏她的——也就是说，算计她的。不幸这人是姜季泽。"无论如何，她从前爱过他。……多少回了，为了要按捺她自己，她迸得全身的筋骨与牙根都酸楚了。"破坏他，也就成了破坏自己；七巧把两个人的希望——虽然那是多么不同的希望—— 一下子都断送了。"归根究底，什么是真的？什么是假的？"归根究底，她不能为了假的希望，付出真的代价。从此"七巧与现实失去了接触"，她关上了通往世界的门；接下来该收拾关在门里边的了。那是她的儿女。难道她一生的代价——包括这回付出的代价——不也是为了他们。

在这最后阶段，她的举止，只有"疯狂"二字可以形容。对儿子，七巧毁灭他领进门来的人——他的媳妇和妾；对女儿，七巧阻止她走出门去。"三十年来她戴着黄金的枷。她用那沉重的枷角劈杀了几个人，没死的也送了半条命。"牺牲的是这些人，七巧厮杀的对象却是一个幻影；所以最终她也不无失落之感，然而她没有选择余地。"世舫回过头去，只见门口背着光立着一个小身材的老太太，脸看不清楚，穿一件青灰团龙宫织缎袍，双手捧着大红热水袋，身旁夹峙着两个高大的女仆。门外日色昏黄，楼梯上铺着湖绿花格子漆布地衣，一级一级上去，通入没有光的所在。"对比地看画中所绘的从前那张鲜明的脸，好像已经遥不可及了。

现实之中，七巧没有选择余地；现实之外——对她来说，那是偶尔浮现的记忆断片——倒也不无可能造就另外一个七巧：曾经有过喜欢她的人，"如果她挑中了他们之中的一个，往后日子久了，生了孩子，男人多少对她有点真心。"不过这更加遥不可及，甚至不足以抚慰七巧自己。从前她嫂子说："我们这位姑奶奶怎么换了个人？"时过境迁，就更找不回原来那个七巧了。对她来说，表现的"彻底"也许超过了内在的"彻底"，然而最终二者已经不可区分。只有站在人世之上，才能同情她，原宥她。这大概也是"彻底"的代价罢。

七巧的"彻底"止于她的死；她不过是疯子，是人世间的鬼，如此而已。"七巧的女儿是不难解决她自己的问题的。"小说收束于有关姜长安的一个谣言，似乎郁积多年，终于对七巧有所报复——当然是在她死了之后。

第二幅题"姜季泽"。还是起坐间，季泽也登场了。"季泽是个结实小伙子，偏于胖的一方面，脑后拖一根三股油松大辫，生得天圆地方，鲜红的腮颊，往下坠着一点，青湿眉毛，水汪汪的黑眼睛里永远透着三分不耐烦，穿一件竹根青窄袖长袍,酱紫芝麻地一字襟珠扣小坎肩,……"

季泽是个爱玩的人,玩到自己几乎倾家荡产,可他并未忘记游戏规则。当初七巧追求他,他退缩了,这是规则使然;后来他上门来追求七巧,也是规则使然。"归根究底,什么是真的?什么是假的?"这是七巧不能逾越之处,季泽对此却不打算加以分辨。他是逢场作戏的人,可以做到"有条不紊"、"筹之已熟"。七巧想:"他太会演戏了,也跟真的差不多罢?"季泽自己多半也这么想。他是浮泛的,也是安全的——有游戏规则保护着他。

然而七巧有七巧的规则。她的规则与公认的规则只在起始一点——当她被纳入公认的规则之时——重合,之后就分道扬镳。七巧担心季泽骗他,知道季泽骗他,也等着季泽骗她——她要他骗得她不知道。别说季泽没有这番伎俩,谁也没有。所以季泽碰了壁——他并不怕碰壁,不过不是这个碰法。他穷,还有面子。我们听见他最后说:"等白哥儿下了学,叫他替他母亲请个医生来看看。"也许这是他说过的唯一一句真话。他第一个明白七巧疯了。季泽所受打击太大,再也不能回头。

季泽对于七巧一度还是"一点温柔的回忆",以后褪色了,暗淡了,消逝了。虽然时而传来零星消息:好像他还在玩,玩了一生。

第三幅题"芝寿"。是她与姜长白婚礼上的样子:"行的是半新式的婚礼,红色盖头是蠲免了,新娘戴着蓝眼镜,粉红喜纱,穿着粉彩绣裙袄。……'皮色倒还白净,就是嘴唇太厚了些。'"

大家看到新娘子,有人说:"说是嘴唇厚的人天性厚哇!"——"天性厚"的女人,对于未来应该不无憧憬:纵或不奢求幸福,至少希望平安活过一生。然而好景不长,只在七巧对她"看了一看"之前。"人丛里的新娘子的平板的脸与胸震了一震——多半是龙凤烛的火光的跳动。"也许那一刻她看到了等待自己的将是什么命运。

当然结果远远超出她的想象。遑论幸福平安,命都没了。在七巧"用那沉重的枷角劈杀了几个人"当中,芝寿真正无辜:这位"袁家的小姐"是外来者,是特地赶来送死的人。"……这是个疯狂的世界,丈夫不像个丈夫,婆婆也不像个婆婆。不是他们疯了,就是她疯了。"七巧母子根本没有别种选择,别种可能;芝寿却未必明白,这一切何以如此,自己又何以如此。

关于她,小说中另有一番描绘:"芝寿直挺挺躺在床上,搁在肋骨上的两只手蜷曲着像死去的鸡的脚爪。"相同的话,前后重复过两次:先是在七巧霸占儿子晚上时间之后不久,后是在芝寿死前半个月。这大概才是她在姜家的真正形象——多少不眠之夜里,那与命运、与自己无谓挣扎着的女人。她的结局是:"然而芝寿不再抗议了,……她并没有死——又挨了半个月光景才死的。"她太冤了,她不甘心。

芝寿还有个替身绢姑娘——先是姜长白的妾,后来扶了正;也是送死的人,下场还不如她。

第四幅题"姜长安"。本文有云:"赴宴的那天晚上,长馨先陪她到理发店去用钳子烫了头发,从天庭到鬓角一路密密的贴着细小的发圈。耳朵上戴了二寸来长的玻璃翠宝塔坠子,又换上了苹果绿乔琪纱旗袍,高领圈,荷叶边袖子,腰以下是半西式的百褶裙。……世舫多年没见过故国的姑娘,觉得长安很有点楚楚可怜的韵致,倒有几分喜欢。"

相亲之日,长安变了样儿,心境也有些不同;她终于得到机会,好像也能像正常人那样活一次了。她居然遇上童世舫—— 一个实实在在的好人,有几分像战乱之后的范柳原,但比他老实得多;也是活得累了,"有个人在身边,他也就满足了。"把长安的缺点都看成了优点。张爱玲笔下,难得给一个人物像长安这么多机会,这么多同情;然而最后又剥夺得这么干净彻底。

长安并非资质多好的女人,甚至不是可爱的女人;已经被母亲调理坏了，"谁都说她是活脱的一个七巧。"可是她对人生也有一点小小的、几乎微不足道的希冀，一点近乎本能的企求。七巧回想往事："如果她挑中了他们之中的一个，往后日子久了，生了孩子，男人多少对她有点真心。"唯有那一刻她与女儿心灵相通。然而这对七巧太遥远了，几乎全无可能；长安却是交臂失之，我们能不替她惋惜。这可怜巴巴的女人，甚至为此努力要把自己变得好些，和她的爱人多少相配些，——假若他们真能如愿成亲，世舫恐怕也不会太过失望罢。张爱玲塑造长安时，心最软；但又最硬，最狠。

七巧活到人生尽头，回首拾拣一点记忆；长安则想把一点记忆，维持到人生尽头。不能活得实在，活成虚幻也好；虚幻也比一片空白要强。所以她总是抢在母亲前面，自己断送自己："这是她生命里顶完美的一段，与其让别人给它加上一个不堪的尾巴，不如她自己早早结束了它。"先是退学，后是退婚，长安被七巧追赶着，一步步退到"没有光的所在"。然而七巧断送得了她，断送不了她已经过去的梦；长安躲在自己的记忆里，那是七巧唯一不能侵犯之处。长安是懂得珍惜的；只是所得太少，恐怕不够漫长一生受用："……不多的一点回忆，将来是要装在水晶瓶里双手捧着看的——她的最初的也是最后的爱。"

而在另一个人心里，长安已经被七巧的"审慎与机智"

彻底埋葬了。"他的幽娴贞静的中国闺秀是抽鸦片的!"世舫忘了她还好;如果记住,一准"往事不堪回首"。而他呢,谁知道跌这一跤,能否再爬起来。又一个不明就里、企图进入"疯狂的世界"的人——世舫比长安还要可怜。

二〇〇三年五月十日

《年青的时候》

《年青的时候》原载一九四四年二月《杂志》第十二卷第五期,有插图一幅,题为"沁西亚"。沁西亚的这幅肖像,是学生休息室中潘汝良眼中所见:"她放下报纸,翻到另一页上,将报纸折叠了一下,伏在台上看。头上吊下一嘟噜黄色的鬈发,细格子呢外衣。口袋里的绿手绢与衬衫的绿押韵。……口鼻间的距离太短了,据说那是短命的象征。……她的头发黄得没有劲道,大约要借点太阳光方才是纯正的,圣母像里的金黄。唯其因为这似有如无的眼眉鬈发,分外显出侧面那条线。"

假如涂去画中的头发眼眉,就是潘汝良在书头上一再画的那个"小人"了:"可是铅笔一着纸,一弯一弯的,不由自主就勾出一个脸的侧影,永远是那一个脸,而且永远是向左。"附带说一下,此篇还有幅很小的题图,画的是个踮起脚来采花的女孩,如同《杂志》其他类似题图一样,并非张爱玲的手笔,但却描绘了汝良心中沁西亚形象的演进——其中只有她的脸是清晰的。

汝良是理想家,这个世界几乎令他深恶痛绝;他的理想有条有理,像教科书,像他热中的"现代科学"。但是还有什么——他画的"小人"透露了一点消息——超出所有这些之上,而又深藏在他心底,自己看不见的地方:"他不会画眼睛同嘴,除了这侧面他什么都不会画。"可是遇到沁西亚,就忽然变得活生生了。"他再也没想到过,他画的原来是个女人的侧影,而且是个美丽的女人。"她是他理想的梦,也是欲望的梦——他的欲望也是纯洁的,有如他的理想。

"沁西亚至少是属于另一个世界里的。"而"另一个世界"是属于汝良的。"他从心里生出一种奇异的喜悦,仿佛这个人整个是他手里创造出来的。她是他的。"汝良喜欢"年青的时候",因为"只有年青人是自由的"——他可以俯看这个世界,平视自己对这个世界的理想,仰望"另一个世界"。"他愿意他再年青几年。"

不过在汝良眼中,沁西亚很快变了样子。再次遇到她时,"现在他所看见的是一个有几分姿色的平凡的少女,头发是黄的,可是深一层,浅一层,近头皮的一部分是油腻的栗色。"

汝良终于知道原来有两个沁西亚——一个在他心里，一个在他眼里；前者属于"另一个世界"，而后者生活在这个世界。"她是个血肉之躯的人，不是他所做的虚无飘渺的梦。"所以，"他并不愿意懂得她，因为懂得她之后，他的梦做不成了。"

"汝良自己已经是够傻的，为恋爱而恋爱。难道他所爱的女人竟做下了更为不可挽回的事么——为结婚而结婚？"她确实如此。她没有办法。当汝良在这个世界里看不见"另一个世界"的她时，他宁肯把她留在"另一个世界"；然而沁西亚却在这个世界里跌落，跌落……最后一次见面，她大病了一场，已经惨不忍睹："沁西亚在枕上两眼似睁非睁蒙蒙地看过来。对于世上一切的漠视使她的淡蓝的眼睛变为没有颜色的。她闭上眼，偏过头去。她的下巴与颈项瘦到极点，像蜜枣吮光剩下核，核上只沾着一点毛毛的肉衣子。"残酷得令人觉得没有意思，觉得无话可说。与张爱玲笔下别的女人不同——她们多少有些咎由自取——沁西亚对于人生并不抱什么期望，但是她与她们同样不幸。汝良可以同情她，怜悯她；他却无法这样去面对"另一个世界"。他不能俯视那对他来说只能仰望的所在。

沁西亚既是无助的，也是无辜的——她对汝良如何想法，对自己在汝良心中如何从"另一个世界"跌到这个世界，始终一无所知。然而小说开头写道："他冷眼看着他们，过度的鄙夷与淡漠使他的眼睛变为淡蓝色的了，"现在则形容沁西亚："对于世上一切的漠视使她的淡蓝的眼睛变为没有颜色的。"似乎由汝良所开始的，注定要由沁西亚结束。她对这个世界失望，而他对"另一个世界"就像对这个世界一样失望。沁西亚根本不属于"另一个世界"——这并不是她的错，因为"另一个世界"根本就不存在。"汝良从此不在书头上画小人了。"他也跌回这个他一向避之惟恐不及的世界——或许他所有的理想也一并丢失了罢。最可怜的不是沁西亚，而是潘汝良。

《〈传奇〉集评茶会记》介绍张爱玲的意见："她又说人家欢喜她的《金锁记》和《倾城之恋》，可是她自己最欢喜的倒是《年青的时候》。"这是一篇"成长小说"；但当汝良告别"年青的时候"，他只是丧失了一些东西。一切都在人力之外，一切都无可挽回，就像艾略特在《空心人》中写的：

  世界就是这样告终
  世界就是这样告终
  世界就是这样告终
  不是嘭的一响，而是嘘的一声。

[附记]

在皇冠版《张爱玲全集》中，此篇改题为《年轻的时候》。

二〇〇三年五月十二日

《花凋》

《花凋》原载一九四四年三月《杂志》第十二卷第六期，有插图两幅。第二幅题为"郑先生与郑夫人"。本文有云："郑先生长得像广告画上喝乐口福抽香烟的标准上海青年绅士，圆脸，眉目开展，嘴角向上兜兜着，穿上短裤子就变了吃婴儿药片的小男孩，加上两撇八字须就代表了实时进补的老太爷，胡子一白就可以权充圣诞老人。""她总是仰着脸摇摇摆摆在屋里走过来，走过去，凄冷地磕着瓜子——一个美丽苍白的，绝望的妇人。"这里画的，大概是中秋节章云藩来郑家吃晚饭时所见二人形象。其实不论何时，他们夫妇都是这样：彼此全无协调之处，惟有冲突不断；仿佛上帝把他们安排在一起，就是要制造混乱似的——虽然也不至于有多大的混乱。

与郑家多少类似的是《琉璃瓦》里的姚家，因为大家都是芸芸众生；但是郑先生与郑夫人心思更加散漫，处事更不搭调，所以只剩下荒唐与滑稽了。他人或觉难堪，或看热闹；然而郑先生与郑夫人又能怎样。"我爹其实不过是小孩子脾气。我娘也有她为难的地方。"他们个人的烦恼——且不管是否真的需要烦恼——自己已经难以应付。某些时候，或许又愿意活得戏剧化一点儿，否则人生没有滋味。他们这样活过来了，还要这样活下去。

"郑先生是连演四十年的一出闹剧，他夫人则是一出冗长单调的悲剧。"这一家人的生活，好比闹剧与悲剧同台演出。郑先生与郑夫人构成郑川嫦自己那一出短短的剧的背景——一个无关紧要的背景，但她一辈子摆脱不了。

川嫦的病，死，似乎改变了一点儿郑家戏剧的色调；但也是有限的，暂时的。郑先生与郑夫人较之此前或许并无两样，他们自会应付一切。他们有情，但也寡情；一如整个人间，漠视着川嫦的夭亡。毕竟大家都是芸芸众生。

第一幅题为"郑川嫦（病中）"。标明"病中"，显系强调。"她的肉体在他手指底下溜走了。她一天天瘦下去。她的脸像骨架子上绷着白缎子，眼睛就是缎子上落了灯花，烧成两只炎炎的大洞。"川嫦这样子，云藩看在眼里，她自己更看在眼里。

川嫦病了许久了。

也许这幅画像，应该与健康时的她作一对比："川嫦从前有过极其丰美的肉体，尤其美的是那一双华泽的白肩膀。然而，出人意料之外地，身体上的脸庞却偏于瘦削，峻整的，小小的鼻峰，薄薄的红嘴唇，清炯炯的大眼睛，长睫毛，满脸的'颤抖的灵魂'，充满了深邃洋溢的热情与智能，像《魂归离恨天》的作者爱米丽·勃朗蒂。"然而这已一去不复返了。

川嫦还在继续病下去，病到不堪入目："她爬在李妈背上像一个冷而白的大白蜘蛛。"当她对母亲哭道："娘，我怎么会……会变得这么难看了呢？'"我们知道她是完了。

川嫦的悲剧大率如此——一出没有任何人为因素的悲剧，一出纯粹的悲剧。这与她母亲所谓"悲剧"完全两样，没有"戏剧化的，虚假的悲哀"；然而更不是"最完美的悲哀"——她的悲哀恰恰在于从来就不完美。川嫦不断丧失，丧失，失去她尚且不曾拥有的东西，直到丧失一切。这是一出关于一无所有者被剥夺的悲剧。

川嫦对于幸福是有预期的，有准备的——她那莫名其妙的家庭给过她这种教育。她遇到云藩，又是一个老实厚道的人。"也许为来为去不过是因为他是她眼前的第一个有可能性的男人。可是她没有比较的机会，她始终没来得及接近第二个人。"然而川嫦别无所求。她有可能活过平淡无奇的一生——"以后预期着还有十年的美,十年的风头,二十年的荣华富贵。"平淡无奇的幸福,将会使她感到满足。川嫦像张爱玲笔下多数角色一样,也有好的开端;但也像其中绝大多数一样,没有好的结局。只是川嫦这个开端太短了,短到好像根本不是开端。而川嫦的病,死,对于这个世界来说,仍然是平淡无奇的。

小说开头,作者断言:"……全然不是那回事。"乃是针对川嫦的"行述"中一再提到的"爱"而言。的确有人爱过她——确切地讲,准备爱她;但是这爱对爱的人来说未及出发,对被爱的人来说不曾抵达。"她是没点灯的灯塔。"没点燃的是爱情之灯,人生之灯。川嫦和云藩的关系是微妙的——与其说是爱情,不如说是对爱情的预感;仅仅感觉对方存在罢了,彼此尚未有所呼应。就像川嫦想的:"这一点接触算什么!"而当她在病中怅惘于"从前一直憧憬着的接触……"时,已经无法企及。对于所期待的一切——爱情,人生,世界——其实川嫦从未真正接触。她被阻拦于边界之外;在那里,她被摧残,被毁灭。

川嫦这点憧憬,乃是她的生命、她的世界一线之所系。"她心里的云藩是一个最合理想的人。""然而现在,她一寸一寸地死去了,这可爱的世界也一寸一寸地死去了。"对病中的川嫦来说,"最合理想的人"便是"这可爱的世界"的化身,代表，甚至全部。"他说过：'我总是等着你的。'言犹在耳，可是也怨不得人家，等了她快两年了，现在大约断定了她这病是无望了。"她明白"这可爱的世界"是无望了。

"川嫦自己也是这许多可爱的东西之一；人家要她，她便得到她所要的东西。"然而即便"人家"不要她了，也不应该随便找个人来顶替；所以见着云藩新的情人余美增时，川嫦甚感"愤懑不平"。"这可爱的世界"何以一定要阻拦、摧残和毁灭"也是这许多可爱的东西之一"的川嫦，个中缘由，她至死不能明白。当小说写到"她的自我表现观念逐渐膨胀"，实际上川嫦已经孤立无援，身陷绝境。

也许她一生的真正对手是时间——相对于此前此后太长的空白，真正有内容的一刻实在太短了，短到不堪回首。当川嫦终于认可生命的这一节奏，并试图就此找到立足之地——基于绝望，甚至能够"也很乐观"——她的死期到了。

二〇〇三年五月十四日

《红玫瑰与白玫瑰》

《红玫瑰与白玫瑰》原载一九四四年五至七月《杂志》第十三卷第二、三、四期,有插图五幅。第一幅题为"玫瑰"。"她那棕黄色的脸,因为是长圆形的,很像大人样,可是这时候显得很稚气。……她的短裙子在膝盖上面就完了,露出一双轻巧的腿,精致得像橱窗里的木腿,皮色也像刨光油过的木头。头发剪得极短。脑后剃出一个小小的尖子。没有头发护着脖子,没有袖子护着手臂,她是个没遮拦的人,……"这是玫瑰给佟振保留下的印象,但并非他们最后分手那一次——汽车里"振保把手伸到她的丝绒大衣底下去搂着她",装束与画中有所不同。

玫瑰天真,单纯,无遮无拦,"不过是个极平常的女孩子"——她的可爱之处就在这里;振保也因此爱她,拒绝她,为拒绝她懊悔终生。"这样的女人,在外国或是很普通,到中国来就行不通了。把她娶来移植在家乡的社会里,那是劳神伤财,不上算的事。"振保想的也许不错。他娶了玫瑰,未必幸福;不娶玫瑰,注定不幸。

玫瑰的确是振保的"不要紧的女人",二人的关系早已了断。玫瑰爱他,多半因为年轻,不懂事,为爱而爱——她因"知道已经失去他"而产生的"绝望的执拗",未必能保持多久;从此不知去向的她,未必还记得这个男人。然而振保忘不了她——因为她,更因为他那样对她:"因为这初恋,所以他把以后的两个女人都比作玫瑰。""想到玫瑰,就想到那天晚上,在野地的汽车里,他的举止多么光明磊落。他不能对不住当初的自己。"

《红玫瑰与白玫瑰》写的是"振保的生命里"的连环套:玫瑰下接王娇蕊和孟烟鹂,上承另一位"不要紧的女人"——"巴黎的一个妓女"。振保和妓女"在一起的三十分钟",始终只写她如何如何,一笔不关他做过什么,暗示着一方主动,一方被动。"就连这样的一个女人,他在她身上花了钱,也还做不了她的主人。"在振保眼里,妓女代表了他所面对的整个世界;他感到极大威胁,不能接受世界与自己是这样一种关系。"从那天起振保就下了决心要创造一个'对'的世界,随身带着。在那袖珍世界里,他是绝对的主人。"与玫瑰一样，妓女也不知所终；然而振保的内心深处，同样忘不了她——因为她那样对他。

妓女朝相反方向塑造了一个振保。"现在他是他的世界里的主人。"他要一切保持主动——包括主动拒绝在内。可以说那个妓女怎样对待振保，振保就怎样对待玫瑰；以后娇蕊像玫瑰那样对待振保，而振保像对待玫瑰那样对待娇蕊。

第二幅题为"红玫瑰王娇蕊"。振保兄弟搬进王家，对娇蕊的第一印象，即如这里所描绘的："王士洪立在门首叉腰看着，内室走出一个女人来，正在洗头发，堆着一头的肥皂沫子，高高砌出云石塑像似的雪白的波鬓。……她那肥皂塑就的白头发底下的脸是金棕色的，皮肉紧致，绷得油光水滑，把眼睛像伶人似的吊了起来。一件条纹布浴衣，不曾系带，松松合在身上，从那淡墨条子上可以约略猜出身体的轮廓，一条一条，一寸寸都是活的。"

"才同玫瑰永诀了，她又借尸还魂，而且做了人家的妻。"振保失去玫瑰，命运安排娇蕊来补偿。好比时光倒流，又回到汽车里"振保心里也乱了主意"那一刻。"而且这女人比玫瑰更有程度了，"娇蕊是更从容、更充分的玫瑰——小说给了她更多的篇幅，更多的时间与机会。振保最终也就可以像拒绝玫瑰那样拒绝她。

"婴孩的头脑与成熟的妇人的美是最具诱惑性的联合。"娇蕊的头脑是玫瑰的头脑,娇蕊的美是成熟之后的玫瑰的美。两个人本来一样,但振保不这么看。娇蕊像玫瑰似的深深爱他,也像玫瑰似的绝不适合做他妻子——"这样的女人是个拖累。"但是"玫瑰到底是个正经人",而"娇蕊与玫瑰不同,一个任性的有夫之妇是最自由的妇人,他用不着对她负任何责任。可是,他不能不对自己负责"。两次悬崖勒马,对玫瑰是"坐怀不乱",对娇蕊是"始乱终弃"——不过振保看来,与其说他"乱"娇蕊,不如说娇蕊"乱"他。他觉得她是坏女人,但又舍不得她,就像舍不得好女人玫瑰。

"从前的娇蕊是太好的爱匠。现在这样的爱,在娇蕊还是生平第一次。"她不知道自己怎会这样。张爱玲笔下别的女人活在这个世界,不是要变成什么样子,就是被变成什么样子;而娇蕊纯然是她自己,好像与这个世界了无干系。"像娇蕊呢,年纪虽青,已经拥有许多东西,可是有了也不算数的,她仿佛有点糊里胡涂,像小孩一朵一朵去采上许多紫萝兰,扎成一把,然后随手一丢。"那些女人算计,或被算计,其间有太多掌握了的和掌握不了的规律,逻辑;对此娇蕊一无所知。那些女人都在黑暗里,只有娇蕊是光明的。她不像沁西亚是被想得光明,她活成一片光明;她和言丹朱都是赤子之心,但她无意多管闲事。娇蕊只想在自己的世界里好好安排一个她所爱的人。"她是十分自信的,以为只要她这方面的问题解决了,别人总是绝无问题的。"

然而"这一次,是那坏女人上了当了!"她牺牲自己,振保却牺牲她。娇蕊不知道自己怎会这样,更不知道她所爱的人怎会这样。她的确"如同一个含冤的小孩"。在张爱玲笔下,光明与黑暗最终一概归于黑暗,娇蕊的下场并不比别的女人强。"天地不仁,以万物为刍狗。"张爱玲对待她们,几近于替天行道。

当然娇蕊还得继续活下去。二人重逢,与初遇适成对比:"振保这才认得是娇蕊,比前胖了,但也没有如当初担忧的,胖到痴肥的程度;很憔悴,还打扮着,涂着脂粉,耳上戴着金色的缅甸佛顶珠环,因为是中年的女人,那艳丽便显得是俗艳。"这样的她,振保还舍不得,他舍不得他的"红玫瑰"的记忆。

娇蕊说:"是从你起,我才学会了,怎样,爱,认真的……爱到底是好的,虽然吃了苦,以后还是要爱的,所以……"不是不解当年"吃苦"的缘由,便是无法摆脱"认真"的惯性。从前"她仿佛是个聪明直爽的人,虽然是为人妻了,精神上还是发育未完全的";多年过去,娇蕊也许不再是"聪明直爽的人",但"精神上还是发育未完全的"——爱使她这样,爱的挫折更加使她这样。然而娇蕊终于承认自己是活在这个世界里，像张爱玲笔下别的女人一样："是的，年纪轻，长得好看的时候，大约无论到社会上去做什么事，碰到的总是男人，可是到后来，除了男人之外总还有别的……总还有别的……"娇蕊应付不了，也得应付。这是她的可爱之处，更是可怜之处——虽然比起那个仍在可怜地怀想着她的男人，总归要好一点儿。

第三幅画的是佟振保、王娇蕊、艾许太太与艾许小姐。振保和娇蕊出门，遇见艾许母女，遂结伴而行："指示行人在此过街，汽车道上拦腰钉了一排钉，一颗颗烁亮的圆钉，四周微微凹进去，使柏油道看上去乌暗柔软，踩在脚下有弹性。振保走得挥洒自如，也不知是马路有弹性还是自己的步伐有弹性。"所画便是此情此景。关于振保，小说有描写云："他个子不高，但是身手矫捷。晦暗的酱黄脸，戴着黑边眼镜，眉眼五官的详情也看不出所以然来。"他的左边是艾许太太："她是高高的，驼驼的，穿的也是相当考究的花洋纱，却剪裁得拖一片挂一片，有点像个老叫花子。小鸡蛋壳藏青呢帽上插着双飞燕翅，珠头帽针，帽子底下镶着一圈灰色的鬈发，非常的像假发，眼珠也像是淡蓝磁的假眼珠。"最右边是艾许小姐："这艾许小姐抿着红嘴唇，不大做声，在那尖尖的白桃子脸上，一双深黄的眼睛窥视着一切。……她眼眶底下肿起了两大块,也很憔悴了。"二人之间是娇蕊——那天"她穿着暗紫蓝乔琪纱旗袍",画得未免草草。对此万燕有番解释:和艾许母女见面,是为振保、娇蕊关系的转折点;或许画中娇蕊,正是此时她给振保的印象。

艾许太太和艾许小姐是小说的一段插曲。母女俩都不大如意,好比从暗淡处来,又向暗淡处去。艾许太太让振保想起他做"好人"的目的,人生那安稳的、荣耀的彼岸;艾许小姐让他想起自己向那彼岸进发,离开起点已有多大距离。她们如同那排指示行人过街的圆钉,提醒振保不要走错了路。"一样的四个人在街上缓缓走着,艾许太太等于在一个花纸糊墙的房间里安居乐业,那三个年青人的大世界却是危机四伏,在地底訇訇跳着春着。"对此娇蕊没感觉到,她正陶醉在自己的幸福之中;艾许小姐即使感觉到了,也无能为力;只有振保明白自己该做什么——他要抛弃娇蕊了。

后来张爱玲说:"佟振保是个保守性的人物。他深爱着红玫瑰,但他不敢同她结婚,在现实与利害的双重压力下,娶了白玫瑰——其实他根本用不着这样瞻顾的,结果害了三个人,包括他自己在内。"(水晶:《蝉——夜访张爱玲》)不过"旁观者清,当局者迷",振保自有他的道理——那是他的人生信条。

当年振保拒绝了玫瑰,"他对他自己那晚上的操行充满了惊奇赞叹,但是他心里是懊悔的。背着他自己,他未尝不懊悔。"可见他身上活着两个振保:一个是本能的,自我的;一个是社会的,道德的——后者亦即结末处"改过自新,又变了个好人"的"好人"。一个振保反对另一个,把他拉过来,扯过去;结果无论哪个,他都做不踏实,做不彻底。二者任居其一,他也就没有烦恼,甚至还能自得其乐。

"好人"当作如是理解:"他是有始有终,有条有理的。他整个地是这样一个最合理想的中国现代人物,纵然他遇到的事不是尽合理想的,给他自己心问口,口问心,几下子一调理,也就变得仿佛理想化了,万物各得其所。"告别了巴黎的妓女,振保立志要当"好人";以后遇见玫瑰与娇蕊,不过为此提供机会罢了。虽然她们正是他的所爱——"他喜欢的是热的女人,放浪一点的,娶不得的女人。"拒绝玫瑰,抛弃娇蕊,分别展现了"好人"的两面——无论对人,还是对己,都把"不理想"调理得"理想化了"。作为一个"好人",自此几近完整。接下来就是迎娶烟鹂——这回一个振保合该深受另一个振保的苦了。

也许所有这些,都可看作是对巴黎那个妓女的报复。娶妻之后,"振保这时候开始宿娼,"始终为所欲为,甚至把玩的女人带到家门口——这当然是做给烟鹂看的,但难道不也是做给内心深处那个使他感受"最羞耻的经验"的妓女看的。现在振保对待她们,恰如当年她对待他。当然所报复的对象不止是她。"他对于妓女的面貌不甚挑剔,比较喜欢黑一点胖一点的,他所要的是丰肥的屈辱。这对于从前的玫瑰与王娇蕊是一种报复,但是他自己并不肯这样想。"与玫瑰和娇蕊打交道,振保总是保持主动;失去她们之后,他反而变成被动的一方了。对振保来说,这与那个妓女带给他的屈辱一样。

振保这么跟自己玩,间或也玩累了;这时他的感慨,便有几分深沉:"这世界上有那么许多人,可是他们不陪着你回家。到了夜深人静,还有无论何时,只要是生死关头,深的暗的所在,那时候只能有一个真心爱的妻,或者就是寂寞的。"这时的他,多少像战乱后的范柳原和归国后的童世舫,不过现在完全是自己破坏自己。与娇蕊重逢,也使他深受触动:"忽然,他的脸真的抖了起来,在镜子里,他看见他的眼泪滔滔流下来,为什么,他也不知道。在这一类的会晤里,如果必须有人哭泣,那应当是她。这完全不对,然而他竟不能止住自己。"振保忽然发觉,辛辛苦苦所得到的,无非是一副面具与无穷痛苦。娇蕊追求振保,振保追求"好人",都是一厢情愿,都不值得。

第四幅题为"孟烟鹂"。本文有云:"初见面,在人家的客厅里,她立在玻璃门边,穿着灰地橙红条子的绸衫,可是给人的第一个印象是笼统的白。她是细高身量,一直线下去,仅在有无间的一点波折是在那幼小的乳的尖端,和那突出的胯骨上。风迎面吹过来,衣裳朝后飞着,越显得人的单薄。脸生得宽柔秀丽,可是,还是单只觉得白。"虽然这里画的,只在特写与近景之间。

"看到孟烟鹂小姐的时候,振保向自己说:'就是她罢。'"这是"好人"在下命令;然而烟鹂实在乏善可陈:凡庸,无聊,琐碎,苟且……也许后来一番描绘,更见她的真相:"浴室里点着灯,从那半开的门里望进去,淡黄色的浴间像个狭长的立轴。灯下的烟鹂也是本色的淡黄白。当然历代的美女画从来没有采取过这样尴尬的题材——她提着裤子,弯着腰,正要站起身,头发从脸上直披下来,已经换了白地小花的睡衣,短衫搂得高高地,一半压在颌下,睡裤臃肿地堆在脚面上,中间露出长长一截白蚕似的身躯。"

然而烟鹂如此不堪,怎么算得上"白玫瑰",与"红玫瑰"娇蕊相提并论。小说开头讲:"娶了红玫瑰,久而久之,红的变了墙上的一抹蚊子血,白的还是'床前明月光';娶了白玫瑰,白的便是衣服上沾的一粒饭粘子,红的却是心口上的一颗朱砂痣。"继而断言:"在振保可不是这样的。"说的只是那个"好人"的他;另一个他,其实与"每一个男子"

并无两样。而依照此处所说，无论"红玫瑰"，还是"白玫瑰"，都经不住"久而久之"的考验。振保未娶娇蕊，所以前一半情况并不存在——当然他若真的娶了娇蕊，对她的爱也不可能长久，她就是"墙上的一抹蚊子血"了；所适用的是后一半情况——振保把烟鹂作为"白玫瑰"娶了，可是以后她成了他"衣服上沾的一粒饭粘子"。

其间的演变过程，即如小说所写："起初间或也觉得可爱，她的不发达的乳，握在手里像睡熟的鸟，像有它自己的微微跳动的心脏，尖的喙，啄着他的手，硬的，却又是酥软的，酥软的是他自己的手心。后来她连这一点少女美也失去了。对于一切渐渐习惯了之后，她变成一个很乏味的妇人。"烟鹂的"白玫瑰"时代转瞬即逝；此后的她，只能与振保在公共汽车上见着的娇蕊相比——那俗艳的中年女人，也不再是"红玫瑰"了。不过振保记得"红玫瑰"，却记不得"白玫瑰"。娇蕊已经离他而去；烟鹂活在身旁，给他的只有种种难堪的体验。小说对娇蕊的"红玫瑰"时代写得多，不"红"时写得少；对烟鹂的"白玫瑰"时代写得少，不"白"时写得多。

也许烟鹂给别人的印象有所不同，就像开头说的："他太太是大学毕业的，身家清白，面目姣好，性格温和，从不出来交际。"也许别人看来，她还是振保的"白玫瑰"——这就用得着"甘苦自知"那句话了。

"他看看他的妻,结了婚八年,还是像什么事都没经过似的,空洞白净,永远如此。""红玫瑰"与"白玫瑰"一并是男人的永恒理想,但是"热烈的情妇"真切可感,"圣洁的妻"却无实在内容。所以我们无法指责烟鹂人格缺陷。而且她并不"永远如此",乃至超出振保所能容忍的"空洞白净"的限度之外。于是就有她的"人笨事皆难",她的便秘,乃至她与裁缝下作的奸情。这使振保再一次感到威胁,他在整个世界面前再一次丧失主动——这种威胁来自他一向蔑视的烟鹂,尤其让他不能忍受。他为她而放弃了一切,如果连点主动都不能保留,真是白白牺牲了。

振保这回仍然要做"他的世界里的主人",直到"觉得她完全被打败了"——小说末了一幅插图题为"烟鹂的鞋":"地板正中躺着烟鹂的一双绣花鞋,微带八字式,一只前些,一只后些,像有一个不敢现形的鬼怯怯向他走过来,央求着。"藉此振保重新拥有一个"'对'的世界",就像当初拒绝玫瑰,抛弃娇蕊,以及离开巴黎那个妓女之后那样。

二〇〇三年五月十九日

跋

简化字"云"合并了"雲"、"云"二字。是以"云集"盖有三义。其一("雲集"):"比喻许多人从各处来,聚集在一起。"——此书涉及阿尔志跋绥夫、普里什文、纳博科夫、卡尔维诺、帕慕克等,虽然好几个题目因故未能写出——尤其是关于艾米莉·勃朗特著《呼啸山庄》,札记已有两万多字——但也称得上"许多"了。其二("雲集")与三("云集")之"集"均作"集子"解。明郭奎有《望雲集》,清钱良择有《抚雲集》,周作人有《看雲集》,我这止是孤零零一朵雲耳。又,"云"者,"说"也。

本书包括两部分。一是"丙戌丁亥杂文",这两年在上班,另有一部书要写,零篇文章只得这些。二是"《传奇》人物图赞",其中谈及《花凋》一篇,郑川嫦"她自己一寸一寸地死去了，这可爱的世界也一寸一寸地死去了"的话，似应结合《留情》"米先生仰脸看着虹，想起他的妻快死了，他一生的大部份也跟着死了。……米先生看着虹，对于这世界他的爱不是爱而是疼惜"来看。米太太若有想法，或与川嫦相同；米先生则对此感同身受。前此不曾言及，这里略作补充。

二〇〇七年九月二十二日

修订版跋

在我出过的书里,《云集》的开本、版式均为我所不喜,此番得以"改头换面",自是幸事。内容趁便多有修订。第一部分重排次序,删去四篇,补入三篇,有两篇写得稍早,是以原本那题目用不得了。易名"收萤卷",出自白居易《和春深二十首》:"折桂名惭郄,收萤志慕车。"车胤囊萤的故事常在人口,周作人《萤火》一文则云:"说是数十萤火,烛光能有几何,即使可用,白天花了工夫去捉,却来晚上用功,岂非徒劳,而且风雨时有,也是无法。"虽煞风景,却是明白话也。不过我仍喜欢"收萤"这境界,尽管未必非得"志慕车"不可。

第二部分虽名为"图赞",文字实可独立存在,且原图仅存印刷品,质量欠佳,翻检《杂志》、《皇冠》旧刊可知。

我的《神拳考》、《远书》、《相忘书》和《插花地册子》出新版——也可以说出定版时,都将可以不要的插图删掉了。附带说一句,我一直打算写一部张爱玲评传,这篇与另外有关她的文章都是为此所做的准备,说来思路已经想定,材料也收集了不少,近来却稍觉意兴阑珊,觉得安心当个喜欢她、懂得她的读者,平日与二三子聊聊心得,也就是了。即如《庄子》所云:"荃者所以在鱼,得鱼而忘荃;蹄者所以在兔,得兔而忘蹄;言者所以在意,得意而忘言。吾安得夫忘言之人而与之言哉。"

二〇一九年三月二十五日

图书在版编目 (CIP) 数据

云集 / 止庵著 . — 武汉：华中科技大学出版社，2020.7
ISBN 978-7-5680-5967-1

Ⅰ．①云… Ⅱ．①止… Ⅲ．①读书笔记 Ⅳ．① G792

中国版本图书馆 CIP 数据核字 (2020) 第 016526 号

云集
YunJi

止 庵 著

责任编辑：陈心玉
封面设计：Pallaksch
责任校对：张会军
责任监印：朱　玢

出版发行：华中科技大学出版社 (中国 • 武汉)　　电话：(027)81321913
　　　　　武汉市东湖新技术开发区华工科技园　邮编：430223
录　　排：华中科技大学惠友文印中心
印　　刷：中华商务联合印刷 (广东) 有限公司
开　　本：880mm×1230mm　1/32
印　　张：8.5
字　　数：140 千字
版　　次：2020 年 7 月第 1 版第 1 次印刷
定　　价：69.00 元

本书若有印装质量问题，请向出版社营销中心调换
全国免费服务热线：400-6679-118　竭诚为您服务
版权所有　侵权必究